The Humanist Tradition in the West

西方人文主义传统

The Humanist Tradition in the West

ALAN BULLOCK

[英] 阿伦·布洛克 —— 著   罗爽 —— 译

九州出版社
JIUZHOUPRESS

目 录

前 言 i

导 论 iii

第一章
文艺复兴
1

第二章
启蒙运动
47

第三章
19 世纪:学说争鸣
91

第四章
20 世纪:朝向新的人文主义
131

第五章
人文主义有未来吗?
177

出版后记
209

前　言

1984年1月至2月，在阿斯彭人文研究所的赞助之下，我在纽约大学俱乐部的学院厅做了本书中的一系列讲座。

谨以这些讲座向阿斯彭人文研究所和J. E. 斯莱特所长致以谢意，在与他们合作的过程中，我和妻子受益匪浅，也十分愉悦。这些讲座以已故的杰茜·K. 埃米特的名字命名。她曾是我们在阿斯彭人文研究所的同事，我们对她既爱戴又钦佩。作为一名女性，她的生活态度以及她在面对死亡时的勇气，似乎表现了人文主义传统中一些最为高尚的品质。

我要感谢伊娃·波珀代表阿斯彭人文研究所组织了这些讲座，感谢米德基金会提供经费，还要感谢拉斐尔·伯恩斯坦慷慨地提供了16页彩色插图。我特别有幸得到两位出版人的帮助，一位是W.W.诺顿公司的汤姆·华莱士，当初就是他提出将这些讲座编辑成书的，另一位是斯坦利·巴伦，他是书稿的编辑，利用泰晤士-哈得逊出版社的资源寻找了插图。

由阿斯彭人文研究所在科罗拉多州克雷斯通的巴卡格兰德牧场举办、由科林·威廉姆斯主持的研讨会，对我提出了许多批评意见，对讲稿的修订饶有助益。我借着出版的机会，重新收录了因受限于一个小时的演讲时长而省去的若干个段落。第四讲恢复了原有的内容，变得太长，所以我在本书中将它分为第四章和第五章。然而，本书保留了演讲的形式，与我在纽约演讲时的文本基本相同。

在呈现最终的文本和插图的过程中，我得到了帕梅拉·托马斯夫人和苏珊娜·博斯曼女士的珍贵帮助。

一如既往，我最感激的是我的妻子，她向我分享的那些热情与经历塑造了我对人文主义传统的见解。

圣凯瑟琳学院

牛津

1984 年 9 月 1 日

导　论

我最初对"人文主义者"和"人文主义"这两个词的含义产生兴趣，是在20世纪70年代初加盟阿斯彭人文研究所之时。和阿斯彭音乐节一样，阿斯彭人文研究所也起源于1949年的歌德诞辰200周年纪念活动。这些活动由芝加哥大学的沃尔特·佩普克、罗伯特·哈钦斯和朱塞佩·A. 博尔盖塞组织，举办地是科罗拉多州落基山脉中一座海拔2438米且在当地银矿倒闭后被废弃的城镇。在纪念活动上发言的[1]有阿尔伯特·史怀哲，以及西班牙哲学家和社会评论家奥特加·伊·加塞特。后者于1948年在马德里创建了人文研究所并且担任所长，正是他向沃尔特·佩普克提议在歌德诞辰纪念活动后成立一个阿斯彭人文研究所。尽管这个研究所的性质与奥特加的提议相去甚远，但是它保留了他建议的名称，也保留了他的部分初衷。

我在牛津生活了一辈子。那里有源远流长的人文研究传统，至少可以追溯至伊拉斯谟、科利特和莫尔，还可以追溯至文艺复兴时期的新学。或许正因如此，我才未对人文研究的意义予以重视。直到我在近60岁时成

---

[1] 音乐家有阿图尔·鲁宾斯坦、格里戈里·皮亚季戈尔斯基，还有季米特里斯·米特罗普洛斯指挥的明尼阿波利斯交响乐团。一年一度的阿斯彭音乐节就起源于歌德诞辰纪念活动的这个方面。

为牛津大学副校长后，我才坐到落基山间的阿斯彭人文研究所图书馆里，自问我所受的人文研究教育与阿斯彭人文研究所组织的那类讨论有何相同之处；阿斯彭人文研究所的那些讨论，关乎司法、教育、通信革命、环境、能源、军备控制等领域，关乎像美国、日本和英国这样彼此不同的社会因受变革影响而面临的其他问题，探究与这些领域和问题相关的决策背后的社会及道德议题。

我会在最后一章中回到这个初始问题，但是在找寻答案的过程中，我从更宽广的语境中理解了它。我发现，对于"人文主义""人文主义者""人文主义的"与"人文学"这些词语，从未有人成功地提出过令人满意的定义。它们变化多端，在不同的人那里有不同的意义，让编纂词典和百科全书的人们感到烦恼和挫败。

我着迷于这个问题，所以在过去 10 年里继续阅读我能够找到的算得上人文主义的所有文献，从柏拉图的对话录和历史学家关于文艺复兴的辩论，到洛克、歌德、约翰·斯图亚特·穆勒、威廉·詹姆斯、马克斯·韦伯、弗洛伊德和托马斯·曼等人的作品。本书追溯了我的研究路线，算是我的一份研究进度报告。

我的初步假设是，人文主义不是一种思想流派或哲学学说，而是一种宽泛的倾向，一种思想和信仰的视角，一场持续不断的辩论。这场辩论中随时都会有极其不同的、有时截然相反的观点，将这些观点联合起来的不是某种统一的结构，而是一些共有的假设和对某些类型的问题及话题的关注。一个个具体问题和话题会随时代而变化。对此，我能找到的最恰当的描述就是人文主义传统。

我所说的人文主义传统是否能使你们信服，这个问题只有在本书结束时才能得到回答。有个要素是显而易见的，即从彼特拉克到歌德和马修·阿诺德等人都对古典时代的价值推崇备至，也接受过相似的古典教育。然而，我所说的人文主义传统并不是指人们有意识地传承某种不变的信念或实践方式。倒不如说，我指的是从某些观念和假设之间辨认出亲缘关系，这种辨认常常要向前追溯，例如从意大利人文主义者追溯到彼特拉克，从18世纪的"哲人"追溯到洛克，从穆勒追溯到边沁与柯勒律治，从托马斯·曼追溯到歌德，以及从威廉·詹姆斯追溯到蒙田。我这代青年在两次世界大战之间所接受的人文学教育，其信念就是引导学生进入这种传统。该信念强烈地影响了人文学教育者们的人生，正如它影响了许多从纳粹手中逃离的学者和作家的人生，也塑造了我自己的人生一样。

这个传统包含哪些重要人物是毋庸置疑的。较早期的人物之中，除了已经提及的那几位，我们还需增加的只有阿尔伯蒂、伊拉斯谟、伏尔泰和狄德罗。至于其他人物，尤其是离当前时代较近的那些，哪位能够入选就是个见仁见智的问题。任何人所做的取舍都不免带有个人倾向。但是对我来说格外遗憾的是，我在纽约做讲座，却很不熟悉美国的思想史，无法公允地对待美国人的贡献；除少数例外，我在讲座中仅仅使用了来自欧洲的材料。

再讲最后一点，我的导论就到此为止。我所说的"人文主义""人文主义的"本来对男性和女性同样适用。但是，我要研究的是历史传统中的人文主义，而直到20世纪，人们通常还将"男人"（Man）这个词作为人类的同义词来使用。我自己会用"男性和女性"这种表述，或者直接说"人类"；而当我在历史语境中引用或阐释"人类的堕落"（Fall of Man）或"人类的尊严"（Dignity of Man）这类短语时，我会保留原用法。

第一章
文艺复兴

I

在我进行探索时，要追随的第一条最明晰的线索，就是"人文主义""人文主义的"和"人文学"这几个词语的历史。它将我们直接带回古代世界。不过这几个词语的拉丁词源"humanitas"，本身是一种更古老的希腊观念的罗马翻版。古希腊人不仅创造了哲学、历史和戏剧（它们的名称就源自希腊语），还创造了教育，至少是西方世界的教育。教育以"paideia"为名，它在公元前5世纪到前4世纪的雅典形成体系，但在这之前已经存在很久了（"paideia"源自意为男孩或孩童的希腊词"pais"和"paides"，英语中意为儿科学的"pediatrics"、意为教育学的"pedagogy"和意为娈童恋的"pederasty"也源自这两个希腊词）。教育有四个特征。

它以自由七艺的形式，为人类知识提供了统一、系统的解释。自由七艺最终将在几百年后的中世纪成为大学教育的最初模式。它们包括文法、修辞、逻辑或辩证（合称三艺），以及算术、几何、音乐、天文（合称四艺）。

它在一个没有书籍的世界之中提供教学和辩论的技艺，以语言的掌

图 1.1
左页图第一排为彼特拉克、阿尔伯蒂、洛伦佐·德·美第奇，第二排为米开朗基罗、伊拉斯谟、马基雅维利，第三排为托马斯·莫尔、蒙田、纳瓦拉的玛格丽特（自左至右）

握、思想的精确及辩证的娴熟为基础。

它提出了一条西方文明的重要假设，即可以通过教育影响人格的发展。

最后，它所致力的"人的出类拔萃"的概念将说服力和领导力包括在内。要在公共事务中扮演活跃的角色——希腊人认为这种角色对一个人的人性而言必不可少——就需要这两种品质。

希腊及其小城邦遭到征服，被马其顿帝国和罗马帝国吞并，但是希腊的语言和教育却由此传播，遍及大西洋至中国边境的广阔地区，享有独特的威望。希腊人的教育被罗马人继承，通过西塞罗和昆体良对教育的论著——它们的标题都与雄辩术有关[1]——而获得了古典的形态。

罗马人的世界与希腊人的世界相同，没有印刷的书籍、报纸或其他交流媒介，人们在议会和法庭中面对面地处理公共事务，所以精通雄辩术是获得权势的关键。虽然罗马人认为人与其他动物的区别就在于说话能力，但是精通雄辩术不仅指善于说话，还意味着具有一种把握、呈现或批判论据的思维能力，这就需要全面的自由七艺的教育。希腊人将这种教育称为"enkyklia paedeia"（即英语中"百科全书"的词源），其拉丁语对应词，在西塞罗看来就是"humanitas"（人文学）。西塞罗接受了希腊人的观点，相信只有这种方法才能培养那些独有的人性和人道品质。

直至19世纪末期，这一希腊和罗马传统对西方教育施加了极为巨大的影响。它当然也塑造了我的学识，因为我在20世纪30年代修读了牛津大学声望最高的课程，即所谓的"经学"（Greats），又称"高级人文学科"，通过希腊语和拉丁语原始文本研究古代世界的文学、历史和思想。但是，"人文主义"对古代世界和文艺复兴时期的人来说全然是陌生的词语。迟至1808年，德意志教育家F. J. 尼特哈默尔才在辩论古典学对中等教育重要性的过程中创造了德语词"Humanismus"。1859年，也就是布克哈特的著名论著《意大利文艺复兴时期的文化》出版的前一年，乔治·伏伊格特发表专著《古典时代的复兴或人文主义的首个百年》，首次

---

[1] 西塞罗的《论演说家》（公元前55年），昆体良的《雄辩术原理》（约公元96年）。

将"人文主义"这个词应用于文艺复兴。

如果说"人文主义"这个词是后来才出现的,那么15世纪末意大利的学生使用的词语是"umanista"。该俚语指的是古典语言和文学教师,正如"legista"指的是法律教师。文艺复兴时期指代他们所教科目的词语是"studia humanitatis",我们将它译作"人文学",它在15世纪指文法、修辞、历史、文学和道德哲学等一批科目,研修它们时需要阅读基督教诞生前的古典时代的拉丁语文本,包括译自希腊语的拉丁语译本,偶尔还包括希腊语原始文本。

这就是英格兰人托马斯·莫尔和约翰·科利特所谓的新学,即古典时代的复苏或重生,文艺复兴的最显著特征就在于此,而且文艺复兴也因此得名。伏伊格特和布克哈特等19世纪历史学家所做的,就是用"人文主义"去指代这些新态度和新观念。他们把这些新的态度和观念与古典学问的复兴联系起来,将它们称为文艺复兴人文主义。

2

这个话题很复杂,但是我必须先把它讲清楚,因为它引发了关于"人文主义"的最早也最持久的争论。很少有史学作品比布克哈特的《意大利文艺复兴时期的文化》影响更大,它将文艺复兴与人文主义等同起来。这种陈词滥调在每一本院校教科书和每一本参考书中不断重复——同时又被20世纪专研文艺复兴的大多数历史学家坚决抵制。这是为什么?

在关注这种争论的人看来,布克哈特的批评者有时似乎只满足于将"文艺复兴"和"人文主义"从历史学者的词库中删去,将二者的结合视为一种类似于独角兽和骏鹰的神话物。然而,历史学者近年来不再那么有兴趣继续笼统地论辩文艺复兴的问题,反而更有兴趣回到证据之上,通过详细研究那些被忽视的文本来充实证据——这种做法经常可以产出新颖和意外的见解。随着这种争论逐渐淡去（尽管只是因为大家都已疲惫），一些试验性的结论明确了下来，其中两个结论为我要进行的对人文主义传统的第一阶段考察提供了最佳途径。

第一个结论是，"文艺复兴"一词如今被用于标识一个特别广泛和复杂的历史时期，即欧洲近代早期历史上约1350年至1600年之间，以至于我们无法赋予它统一的特征。过去那种将文艺复兴视为人文主义时代的观点已经不再被人接受。这250年时间里出现在欧洲的许多情况都不可能被称为人文主义。一组例子是宗教改革、反宗教改革以及宗教战争。另外一组例子则是中世纪经院哲学传统与亚里士多德研究，它们远未被人文主义的研究取代，不仅存活下来，还在大学里繁荣发展，为哥白尼和伽利略开启的科学思想变革做出了不小的贡献（有人甚至认为它们所做的贡献比人文主义更大）。

这并不是说，作为文艺复兴人文主义核心的新学以及对逝去的古代世界的重新发现无关紧要。"文艺复兴"这个词指的是这次"重生"，后来它被用来代表欧洲近代史的整个早期阶段，这一事实本身或许就是最好的反证。但是，如果我们要谈论原初意义上的文艺复兴，也就是对古代世界的重新关注，就有必要明确文艺复兴所指的时间和地点。例如，我们有必要承认文艺复兴始于意大利，一个世纪后才出现在欧洲其他地方；同时我们也有必要承认意大利人文主义与北欧特有的伊拉斯谟的基督教人文主义之间，以及这二者与法兰西的拉伯雷或蒙田的人文主义之间，存在着重要的区别。

第二个结论是，中世纪与文艺复兴之间并无明确或易于界定的断裂。除经院哲学以外，中世纪的其他思维习惯在欧洲许多地方存续到了16世纪；反之亦然，中世纪也有文艺复兴式人类观和世界观的先例。

毕竟，教会和受过教育的人们千年来使用的语言一直都是拉丁语，而且古代人的成就太过辉煌，令中世纪人难以忽视。中世纪的大部分知识都依赖古代世界，例如罗马法、数学（欧几里得）以及天文学（托勒密）。

在中世纪的欧洲，读者最多的诗人是奥维德和维吉尔。而且，在《神曲》这部展现中世纪人生观的绝佳著作的第一部分，但丁选来充当向导的就是维吉尔。中世纪的教会不得不接受希腊哲学；在许多这类尝试中，最著名的一次尝试——尽管绝非最后一次——是托马斯·阿奎那的《神学大全》。这部著作将基督教教义与亚里士多德学说调和起来，为经院哲学提供了基础，在文艺复兴结束后继续存在。在阿奎那之前甚至已经出现过两次古典传统的复苏——9世纪的加洛林文艺复兴以及12世纪所谓的前文艺复兴。

但是，承认艺术史学家欧文·潘诺夫斯基[1]所说的数以千计将文艺复兴时代与中世纪联系起来的纽带，并不意味着要将连续性理解为同一性。以我前面一直讨论的问题为例，较早几个世纪与十七八世纪（首先是意大利）在看待古代世界的方式上有着一种至关重要的区别。中世纪的人们能够从古典时代取用他们想要的东西，正是因为他们没有觉得自己与古代世界分离。但是，他们无论从古代取用了什么，无论是艺术、神话、文学，还是哲学，都将它们融入他们自己那彻底不同的基督教信仰体系里，并且改变了它们原初的意义，让它们与这个信仰体系契合，且没有任何不合时宜的感觉。只有到了彼特拉克及十四五世纪的意大利人文主义者那里，古代世界才不再被视为可供劫掠的宝库，而被视为一个可以凭自身价值而独立存在的文明。中世纪的人们对古代世界有一种不经意的熟悉感，文艺复兴时期的人们却与此不同，他们首次以历史视角来看待古代世界，觉得它遥远、陌生、迷人。他们没有花费精力去吸纳古代世界的某些特征，而是尝试洞察古代世界，将它视为一个连贯且迥异的世界。他们仰慕它，认为它比他们自己的世界高级得多。

正是十四五世纪的意大利人文主义者发展了古代"复兴"的概念，创造了"中世纪"这个词语来描述那条将他们与他们自称要复兴的古代世

---

1 Erwin Panofsky, *Renaissance and Renascences in Western Art* (Stockholm 1960, New York 1969), ch. 1 and 2.

界隔开的鸿沟。彼特拉克在 1337 年初次造访罗马,看到罗马废墟后感动得"难以言表",进而彻底推翻公认的历史观,抛弃没有宗教信仰的黑暗时代与基督道成肉身之后的基督教时代之间的那种传统对比,将其替换为罗马共和国和帝国所密切关联的荣耀时代与黑暗的基督教罗马时代之间的对比。基督教罗马时代的黑暗此时要通过复兴过去的失落艺术来驱散,这项规划得到了他的后继者们的热情接受。

他们无疑相信这点,而且虽然他们确实有所夸大,后来的研究确实在一定程度上恢复了文艺复兴与中世纪的连续性,但是他们的新启程之感也确实是历史事实。古代世界的重新发现释放了新的能量,刺激了人们的想象力,让他们在复兴许多过去失落的或被扭曲的价值时,也能够发现新的

图 1.2
基齐库斯神庙,来自安科纳的西里亚克的素描本,由巴尔托洛梅奥·方齐奥在约 1475 年临摹

真理，发明新的形式——在讨论后来温克尔曼和歌德时代的古典复兴时，我们会发现这种情况再次出现。

3

粗略地概括，西方思想对待人和宇宙有三种明确的模式。第一种是超自然或超验的模式，关注上帝，视人为神造物的一部分。第二种是自然或科学的模式，关注自然，视人为自然秩序的一部分，就像其他有机体一样。第三种是人文的模式，关注人，关注人类经验，视其为人类认识自我、上帝和自然的起点。

第一种模式在中世纪占主导地位，当时的西方思想与神学有着特殊的关系。人文模式与文学和艺术、历史和社会思想也有类似的紧密联系，它能够利用古代世界的哲学传统，但是它的现代形式在文艺复兴期间才成形。科学模式更晚，要在17世纪才成形。这种简化有些过分，但是在满足两个条件时很有用。第一个条件是，在对三种模式做出区分时，要将它们视为可以通过多种方式结合的趋势，而非在它们中间划出严格、固定的界线。第二个条件是，不要将它们视为孔德的三阶段规律的另一种形式——人文模式取代神学模式，进而又被科学模式取代。自17世纪以来，三种模式全都在继续被体现，继续吸引支持者，它们的关系在竞争性地自称独占真理与不同形式的共存之间摇摆。

自文艺复兴初期以来，人文主义就像古代世界那样以观点的高度多元化为特征。无论是在宗教还是科学上，专断的主张都得不到人类经验的支持。然而，即使可能没有哪两位人文主义者在一个问题上持相同观点，但是他们认为应该讨论的重要话题的范围以及他们辩论的方式（经常依靠对话）是独特的。"有些愚人，"彼特拉克在14世纪中叶写道，"高傲地企图理解自然的奥秘，理解困难得多的上帝的奥秘，而非怀着谦卑的信仰

图 1.3
米开罗佐在佛罗伦萨设计的图书馆

去接受它们。他们无法靠近它们，更不用说触及它们。"[1] 人可以做的，就是转而探索自己，探索丰富的人类经验——在 200 年后文艺复兴的末期，蒙田会再次表达彼特拉克的这种观点。

古希腊思想的巨大吸引力之一在于它以人而非上帝为中心。苏格拉底受到人们特别的尊敬，正如西塞罗所说，是因为他将哲学从天上带到了地上。人文主义者不断反复要求的是，哲学应该成为人生的学校，致力于解决人类的共同问题。

这解释了人文主义者为什么尖锐地攻击经院哲学，批评它沉溺于逻辑范畴和形而上学的问题，批评它的抽象推理远离人类的日常生活。彼特拉克抱怨道，经院哲学家总是乐于给我们讲一些"即使为真也丝毫不会有助于"丰富我们人生的事情，却不关注"人的本性、我们出生的目的，以及我们要去往何方"这类极为重要的问题。人们应该少关注经院哲学的抽象概念，转而多关注道德、心理和社会方面的问题，这些问题在与哲学传统相对的修辞传统中一直占据核心位置。彼特拉克在《论命运的补救之方》

---

1 Francesco Petrarca, *Prose (La Letteratura Italiana, Storia e Testi, v. 7, Milan 1955), De Sui ipsius et multorum ignorantia liber*, Latin text with Ital. transl., pp. 722–723.

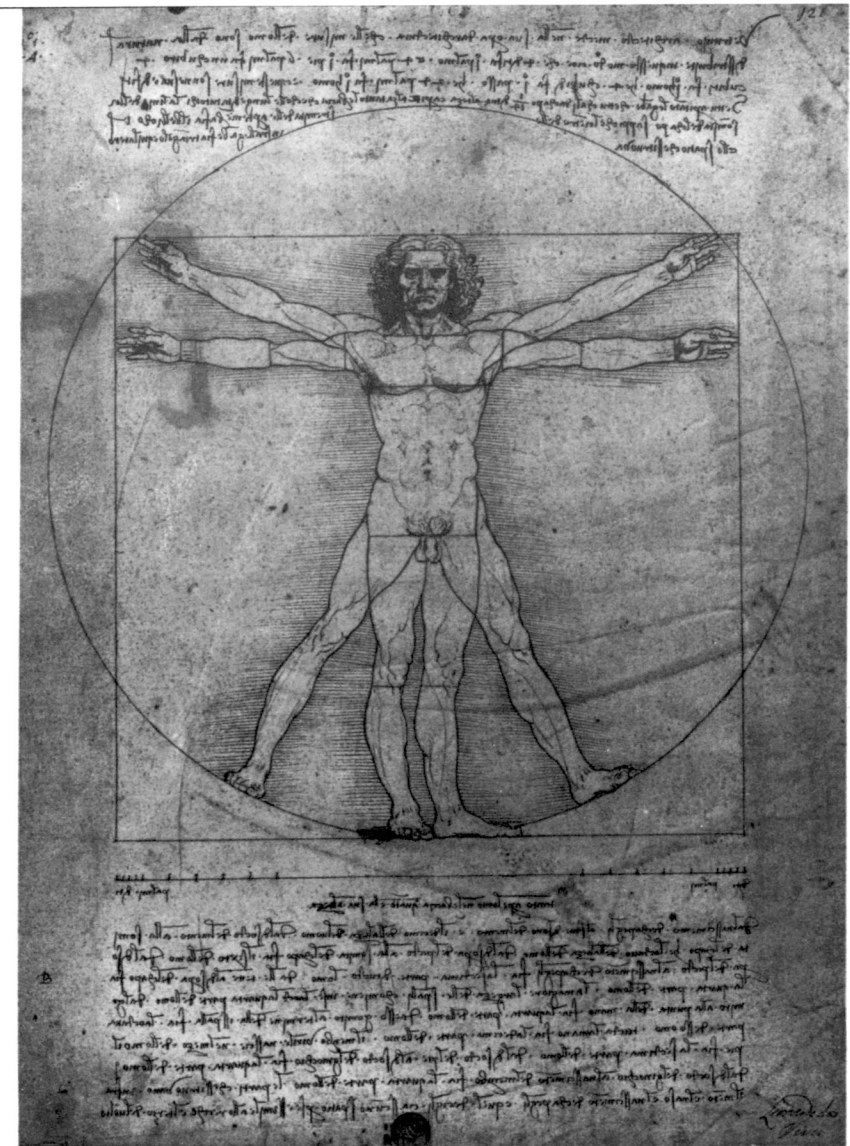

图 1.4
列奥纳多·达·芬奇的手稿

中讨论了 250 种可能引诱人类绝望或欢欣的常见情况,为如何最恰当地应对人生的情绪危机提出了建议。文艺复兴时期的人文主义者最不愿意的就是用另外一种哲学思想体系取代经院哲学。相反,他们的目标是恢复思想所扮演的一种重要角色,这种角色被经院哲学忽视,但还保留在古典哲学之中。

4

在重燃对古代世界兴趣这层意义上,文艺复兴为什么会始于意大利,在100年后才传播到欧洲其他地方,这个问题没有简单的解答。但是,有两个明显的因素比较突出。一个因素是,大部分古代历史都上演于意大利的领土——在罗马,那里公共广场、竞技场和浴场的废墟仍然在无言地证明着古罗马的强盛;在南方,有叙拉古这类讲希腊语的城市;在意大利中部和北部的乡村地区,那里的农夫经常从地里犁出古代的雕塑、硬币和残碑的碑文。

另一个因素是意大利各个城市因商业扩张而出现的非凡发展。佛罗伦萨、热那亚和威尼斯的经济在欧洲名列前茅,而且到了1300年,人口达到2.8万以上的意大利中北部城市有23座——它们大多都是城市共和国,周围是由农民和君主制度构成的封建世界。这种相对较高的城镇人口比例,再加上不同寻常的自治程度,以及相应的对贸易、实业和政治的参与——即使这种参与有时表现为派系斗争和世仇——充当了城市文化发展的温床,并且产出了一个受过教育的平信徒阶层。这个阶层所具有的自信,除了在拥有类似条件的佛兰德斯以外,鲜见于欧洲其他地方[1]。确实,在13世纪晚期和14世纪早期,大多数意大利的城邦(尽管佛罗伦萨和威尼斯不包括在内)都由某一个家族统治,而且在14世纪中期,它们像欧洲其他地方那样出现了经济衰退,被黑死病夺走了1/3的人口,以致意大利在1400年的人口规模远低于1300年的水平。但是,平信徒阶层受教育的传统和城市生活的活力仍旧维持不衰,这是人文主义传播的必要

---

1 我的同事乔治·霍姆斯博士是研究意大利文艺复兴的权威,他向我指出了公证人在受教育的平信徒中间的重要性。在14世纪中叶,仅佛罗伦萨就有600名公证人。他们与律师联系紧密,主管着文件的拟制,既包括私人的产权转让书,也包括政府的官方文件。从彼特拉克、布鲁尼和萨卢塔蒂到马基雅维利,几乎所有重要的人文主义者要么本身就是公证人,要么出身于公证人家庭,他们的职业兴趣是书写一流的拉丁语作品。我很感激霍姆斯博士为我指明这点,也感谢他为本章提出了多条权威意见。

图 1.5
佛罗伦萨的风景

条件。正如彼得·伯克所言："没有城市，就没有文艺复兴。"[1]

当然，当时的人口规模其实并不大，他们生活的城市在今天看来也只是小城镇。15世纪威尼斯、米兰和那不勒斯的人口几乎都不超过10万，佛罗伦萨和博洛尼亚的人口也不超过6万。人口约为2.5万的罗马，在1400年不过是一个地方集镇，在15世纪后期才被几任教皇转变为文艺复兴的中心。至于文艺复兴人文主义和艺术的其他中心——乌尔比诺、费拉拉和曼托瓦，人口从未超过3万。但是，正如同时代低地国家或5世纪的雅典所表明的，城市规模并不是衡量成就的标志。彼得·伯克粗略地统计了1420年至1540年意大利具有创造力的精英人物，包括人文主义者、作家、艺术家、建筑家、音乐家和科学家，得到的数字是600人。[2] 扩大范围，将较早一代人包括在内，这个数字也远不足1000。加上那些身份

---

[1] Peter Burke, *Culture and Society in Renaissance Europe, 1420 –1540* (London 1972), ch. 9, 'The Social Framework'.

[2] Burke, *op. cit.*, Appendix, 'The Creative Elite'.

图 1.6
乌尔比诺公爵宫殿，由成功地集雇佣兵指挥官、统治者和人文主义者于一身的蒙泰费尔特罗的费代里戈二世建造

模糊的无名之辈，再加上那些被文学和艺术作品吸引的人——一些至关重要的赞助人和委托人，包括美第奇家族、费拉拉的埃斯特家族、威尼斯的一些名门望族，尤其是历代教皇，以及一些业余爱好者、浅尝辄止的半吊子和攀附权贵者——总数也仍然只有几千人，而且时间跨度长达几个世纪。但是，他们的成就和对后代的影响几乎无与伦比。这些成就和影响是文艺复兴神话的坚实基础，持怀疑态度的历史学者曾经尝试击碎这种基础，却始终未能将其拆毁。

在伯克统计的 600 人中，人文主义者的数量不超过 100。这里的"人文主义者"符合研究文艺复兴的历史学者的现代用法，仅指精通拉丁语（有时也精通希腊语）且靠自己的技艺谋生的人。这些人担任演讲者、教师、贵族或富裕家庭的私人教师，以及在罗马教廷和其他宫廷及官署里担任秘书，负责官方通信和演说。通过这些人和他们的作品，意大利各城市的受教育阶层之中流传着一种对古代地中海世界的热衷和喜好，他们自认为是这个古代世界的继承者。一种新的混合文化由此产生了，它不是一种模仿，而是一种思维和感受的新风格，尤其还是一种观看的新风格。这种风格后来被视为独具特色，并在 19 世纪被命名为"人文主义"。

图 1.7
约翰内斯·阿尔吉罗波洛斯,拜占庭学者,在佛罗伦萨大学教授希腊语和希腊哲学

　　人文主义者以西塞罗等作家为模仿对象,追求书写一种更纯粹、优雅的拉丁语。他们对此能力的极端重视,最终制造出大量缺乏创见、不值一读的评奖作文。但是,有一项影响深远的成就奠定了人文主义学术的基础。人文主义者起初在 13 世纪时还显业余,后来逐渐积累了大量知识,从修道院的图书馆发掘出了一些散佚的文本,发展出了文本批评方法来校订讹误的版本,还开创了古典考古学来系统性地研究罗马遗迹。他们不仅大幅提升了西方对希腊语言的认识,还通过翻译希腊语文本,显著改善了西方那些只懂拉丁语的人对希腊思想和文学的理解。他们首次完整翻译了柏拉图的作品,甚至对于亚里士多德的作品,他们的翻译也比中世纪的译本更准确。

　　只要我们想到文明的发展在多大程度上依赖于辨别文献记录及其观点态度的真假,力求去伪存真,那么我们就有可能意识到首创这种学术传统、确立文献学研究标准的人们做出了多大的贡献。

　　但是,正如人文研究下属的"修辞学"容易被误解得过于狭窄,人文

13

研究并不仅仅关注拉丁语、希腊语文本研究中的语言和文本技巧,它还关注这些文本的主题本身——关注维吉尔(后来还有荷马)的诗作,关注李维和塔西佗(后来还有修昔底德)的历史作品,也关注西塞罗作品中对斯多葛主义和道德哲学的讨论(后来还有柏拉图的对话录)。如今,我们仍然能够从人文主义者的信函中体会到他们探索新大陆的激动心情;他们把一个迥异文明的形象逐步拼接出来,认为这个文明经历了一个连贯和完整的循环,从默默无闻走向帝国崛起(先是希腊,后是罗马),最后衰落崩溃。

古代世界借助他们的研究而逐渐成形,开始被视为另一个可仿效的典范,不仅是修辞与文学的典范,绘画、雕塑和建筑艺术的典范,也是最为重要的艺术,即生活艺术的典范——涉及私人生活(忍受逆境的艺术)与公共生活(治国理政的艺术)。

5

当然,人文主义者中也有人很迂腐,还有人利用才华趋炎附势。和今天纽约、伦敦、巴黎的任何学术或文学团体一样,人文主义者也是一个喜欢争吵、十分敏感和有嫉妒心的群体,总是互相生气,写信抱怨和批评对方。这里不妨简要介绍几位早期人文主义者中的杰出人物。

彼特拉克(1304—1374)拥有独特的地位。他生于流放之中,在但丁去世时仅有 17 岁。尽管他不是第一个对人文研究感兴趣的人,但他作为一位伟大的革新者,利用自己的天赋让人文主义获得生机。他通晓的拉丁文经典比中世纪的任何前人都多;他在维罗纳发现了散佚的西塞罗书信,校订了李维的著作,并且通过创作一系列拉丁语作品,使拉丁语重新变成一种活的语言。彼特拉克的作品包括仿普鲁塔克风格的传记,还有多本书信集,这些勾勒出他作为第一位知识分子的迷人、复杂的自画像。他还致力于调和人文研究与基督教，抨击统治思想界的经院哲学，与他的批评者们激烈争吵——这些作品全都是用拉丁语写就的。此外他也用通俗的意大利语写诗，诗作至今仍是意大利文学的精品。

第二位人物是萨卢塔蒂（1331—1406）。他倒没有彼特拉克那种天资。他的拉丁语作品平淡无奇。不过，彼特拉克虽然声名显赫，赢得多位教皇、国王的友谊，终究漂泊不定、孤身一人，没有留下任何学派。生于1331年的萨卢塔蒂则有不一样的才能。他热爱古典著作，同时又怀有斯多葛式的信念，即这种热爱可以通过活跃地参与公共事务得到表达。他从1375年开始担任佛罗伦萨执政官，直至1406年去世。他执政期间世事动荡，最先是梳毛工人起义，后来又与米兰接连交战，直至1402年米兰公爵吉安·加莱亚佐·维斯孔蒂死后，共和国才摆脱战乱。他是佛罗伦萨抵抗斗争的核心和灵魂人物，还要负责利用自己作为拉丁语学者的技能来进行至关重要的外交通信，所以他将执政官变成了一个拥有真正权力的职位。据称，佛罗伦萨最大的敌人吉安·加莱亚佐曾说一封萨卢塔蒂的书信抵得上1000名骑手。

同样重要的是，萨卢塔蒂聚集了一群年轻人，激励他们继续发扬由彼特拉克开创的传统，让佛罗伦萨在15世纪上半叶成为意大利人文主义的中心。他在1397年委任并公费资助拜占庭学者曼努埃尔·赫里索洛拉斯教授希腊语，这是希腊语研究的一个转折点。赫里索洛拉斯是一位伟大的教师，他在三年之内不仅为一代学生打下了希腊语基础，还让他们对古典研究产生了终身热情。

这些受到赫里索洛拉斯影响的人里面，莱昂纳多·布鲁尼（1369—1444）值得一提。布鲁尼本是一个贫穷的学生，因精通拉丁语而在罗马教廷坐稳了秘书的职位。他在1415年返回佛罗伦萨，至死未离开。他接替萨卢塔蒂，成为佛罗伦萨政治和文学生活的焦点人物，最终也成为执政官。他写了一本佛罗伦萨人的历史，从罗马时代写到他所生活的时代。这本历史著作是文艺复兴史学的里程碑。此外，他尽管参与公共事务，但仍抽出时间完成了一系列色诺芬、柏拉图、普鲁塔克、德摩斯梯尼和亚里士多德的希腊语作品的拉丁语译本。

我要介绍的最后一位人物或许比15世纪的其他任何人都更接近文艺复兴时期"通才"的理想形象。莱昂·巴蒂斯塔·阿尔伯蒂（1404—1472）这位私生子生于流放途中，他的父亲来自佛罗伦萨一个极其富有的家族，但该家族在长期不断的派系斗争中落败。阿尔伯蒂是竞技者、人文主义学者、科学家、数学家、音乐家、建筑家和密码学家，还精通拉丁语和意大利语。他凭借在绘画和建筑领域的作品，改变了视觉艺术的实践，还创立了艺术理论。

正如萨卢塔蒂和布鲁尼是所谓公民人文主义的代表人物，阿尔伯蒂的生涯则体现了人文主义与艺术的融合。乔托（约1267—1337）是引领绘画朝向更写实风格转变的先驱，但是他在1337年去世且后继无人。直到一个世纪后，在15世纪30年代阿尔伯蒂长住佛罗伦萨时，马萨乔（1401—约1428）、多纳泰罗（1386—1466）与布鲁内莱斯基（1377—1446）才重拾乔托的遗产，继续推进他开创的表现方法革命。正是阿尔伯蒂将布鲁内莱斯基发明的透视理论系统化，其著作《论绘画》（1436）对赞助人和画家影响巨大。他在对话录《论家庭》和《论心灵的宁静》中关

图 1.8
马萨乔在 26 岁时绘制了这幅讲述耶稣命令彼得向罗马税吏缴纳税银的湿壁画，他被伯纳德·贝伦森称为"乔托再生"

图 1.9
位于曼托瓦的圣塞巴斯蒂亚诺教堂,由阿尔伯蒂设计

注道德问题,后来又专门研究古代世界的物质遗存和罗马建筑学家维特鲁威,最终写出他自己的建筑学论文《论建筑》(1452 年完稿,1485 年出版)。《论建筑》直至 18 世纪仍然是建筑师的必读著作,它提供了大量的专业技术指导,既强调建筑的社会功能(首次尝试论述了城镇规划),又强调一种从贯穿整个宇宙的大自然和谐原则中得出的比例理论。他在里米尼、曼托瓦和佛罗伦萨设计建造了一些文艺复兴时期最引人注目的建筑,这证明了他的理论可以应用于实践。

15 世纪 30 年代阿尔伯蒂和布鲁尼参与的佛罗伦萨人文主义运动在 15 世纪下半叶彻底改头换面。在科西莫·德·美第奇(1389—1464)和洛伦佐·德·美第奇(1449—1492)的赞助下,佛罗伦萨成为许多迥然不同的、以柏拉图主义和新柏拉图主义为主的哲学和艺术形式的中心。其主要人物是马尔西利奥·斐奇诺(1433—1499),他是美第奇家族所建立的柏拉图学院的领袖,曾将柏拉图的对话录译成拉丁语,还写作了颇有影响力的《关乎灵魂不朽的柏拉图神学》(1469—1474)。在艺术方面,这种对基督教与人文主义的新柏拉图主义式综合的例子是波提切利的两幅名

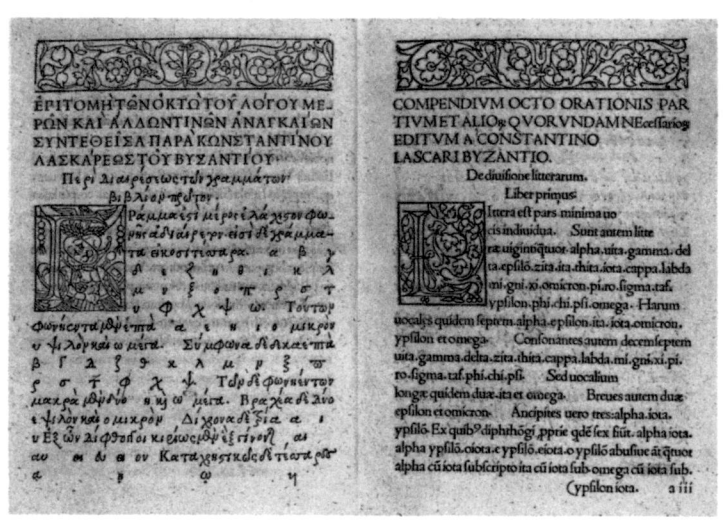

图 1.10
君士坦丁·拉斯卡利斯编辑的附有拉丁语译文的希腊语法书,由伊拉斯谟的友人阿尔杜斯·马努提乌斯于"1494 年 2 月的最后一天"在威尼斯出版

图 1.11
法兰西主要的人文主义者纪尧姆·比代(约 1520 年)

画——《春》和《维纳斯的诞生》。1492 年洛伦佐去世之后,随着萨伏那洛拉事件,法兰西人入侵意大利,以及意大利战争在 1494 年开始,佛罗伦萨进入了一个麻烦不断的时期。尽管这时期仍出现了马基雅维利、圭恰迪尼和瓦萨里,但佛罗伦萨失去了意大利文艺复兴中心的地位,取而代之的是重建后的罗马,以及由一系列人文主义倾向的教皇——例如著名的庇护二世(1458—1464 年在任)和儒略二世(1503—1513 年在任)——恢复的罗马教廷。

与此同时,印刷术为人文主义者展开了全新的前景。意大利(那里最早的印刷书籍可追溯至 15 世纪 60 年代)迅速成为欧洲最为重要的出版国,威尼斯尤为突出。威尼斯是最后一个保持独立的意大利共和国;它的领地上有意大利最著名的大学帕多瓦大学,它还拥有阿尔杜斯·马努提乌斯(约 1450—1515)这样以印刷希腊语文本闻名的出版人,以及贝利尼三父子、提香、乔尔乔内、丁托列托和委罗内塞这样的艺术家,所以它产生了意大利人文主义的另一种也是最后一种变体。伊拉斯谟就在 1506 年去了威尼斯,与阿尔杜斯·马努提乌斯共同在阿尔丁出版社工作;阿尔布雷希特·丢勒让北方的人们见识了意大利艺术家和人文主义者恢复的古典世界,而他正是在威尼斯打开眼界的。

北方的文艺复兴与意大利文艺复兴的后期重叠。在 15 世纪 80 年代

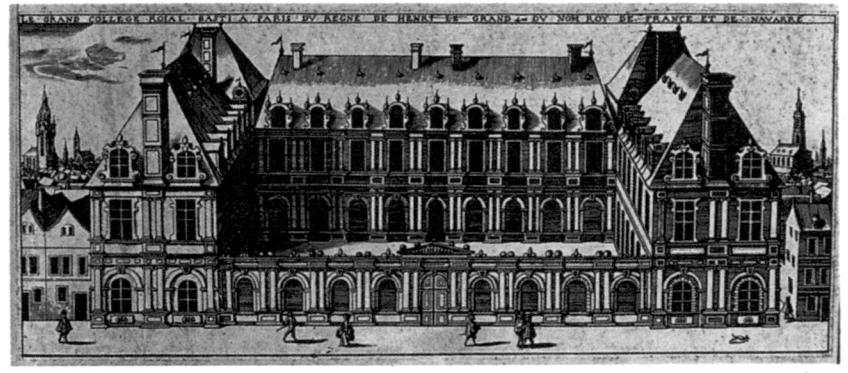

图 1.12
纪尧姆·比代说服弗朗索瓦一世在 1530 年建立的法兰西公学院

和 90 年代,第一代北方人到意大利学习,[1] 然后在 16 世纪早期,北方的人文主义取得了成果。1508 年,巴黎大学首次定期教授希腊语。1516 年,托马斯·莫尔的《乌托邦》和伊拉斯谟的希腊语《新约》出版;三所人文主义学院——牛津大学基督圣体学院、剑桥大学基督学院和圣约翰学院——在同时期成立。在 16 世纪 20 年代,当时法兰西最重要的希腊语学者纪尧姆·比代说服人文主义君主弗朗索瓦一世——列奥纳多·达·芬奇就是在为他效劳期间逝世于昂布瓦斯——建立皇家图书馆,后来又在 1530 年建立法兰西公学院,这两个机构在 400 年的时间里一直是法兰西的智识荣耀。

基督教人文主义不仅见于低地国家和法兰西,那里的圈子以巴黎的勒菲弗·戴塔普勒为中心,它也见于德意志,在那里激励了路德的主要副手菲利普·梅兰希顿和希伯来语研究先驱约翰内斯·罗伊希林。在西班牙,创建了阿尔卡拉人文主义大学的首席主教希梅内斯枢机资助印刷了六卷本的《圣经》,其中包括希伯来语和希腊语原文,同时附带拉丁语通行译文对照。但是,北方的人文主义并不局限于 16 世纪初期几十年特有的基督教形式。例如,拉伯雷的《巨人传》就在 16 世纪 30 年代出版,它在人文主义的音域中奏响了全新的音符,而 50 年后,随着人文主义运动被暴力和不宽容的宗教纷争破坏,蒙田在其《随笔集》中为这场运动提供了具有同等原创意义的反思性补充。

---

[1] 例如 1488 年至 1490 年的格罗辛(1446—1519),1486 年至 1492 年的李纳克尔(1460—1524),以及 1493 年至 1496 年的科利特(1467—1519)。

6

人文主义者特别喜欢讨论的一个话题是积极生活与沉思生活的相对优劣。尽管答案各不相同，但惹人注目的一点是，沉思生活的优越性竟然可以被公开质疑。15 世纪早期的几十年里，佛罗伦萨为抵御米兰的维斯孔蒂家族的专制统治展开了生死斗争，使得布鲁尼在"忙碌生活"与修道之"懒散生活"之间指出的那种对比——在佛罗伦萨或威尼斯等城市里活跃于贸易、金融和政治领域的贵族中十分自然——变得更加明显。公民人文主义从佛罗伦萨的那场斗争中出现，它将城邦政治和古典历史结合起来，视公民对城邦的效劳为至善，所以布鲁尼才将佛罗伦萨与共和时期的罗马、伯里克利治下的雅典相提并论。"我被说服相信，"阿尔伯蒂写道，"人生来不是为了懒散地日渐衰弱，而是为了积极地参与宏伟之事。"

另一个话题是命运的变化无常（不再被人从基督教天意的角度看待）与不屈从命运之人的德行（不再从基督教美德的角度理解）之间的冲突，这个话题同样也让一些受圣奥古斯丁谴责的古典观念重新流行。阿尔伯蒂那样的人文主义者坚持认为，人只要足够勇敢，就能征服命运。这种对人的创造力的强调，对人塑造自己生活的自由的强调，造就了对个体人格与更高自我意识的关注。这种关注被布克哈特视为意大利文艺复兴的鲜明特征，反映在首次以写实风格而非以前那种象征或寓言风格创作的肖像、自画像、传记及自传的数量增加之中。

布克哈特在《意大利文艺复兴时期的文化》（1860）中将那个社会描绘为非常自信，充满竞争，人们一心追求成就，酷爱荣耀和不朽。这是人文主义论述中又一个熟悉的话题。在回应圣奥古斯丁、托马斯·阿奎那和教皇英诺森三世对人追求世俗荣耀及声誉的共同谴责时，阿尔伯蒂响应彼特拉克，写道："自然向每个心灵没有彻底迟钝的人注入了对赞颂和荣耀的巨大渴望。"

对基督教以前古代历史的重新发现催生了一批独立、世俗的价值观,这种新情况在一种更敏锐的历史意识之中得到了表现。历史不再被视为天意的实现,而是被视为人类的努力和失败的产物。最先尝试表达这种历史意识的是布鲁尼和波焦——二者皆在15世纪担任过佛罗伦萨的执政官——等作家,他们摒弃编年史家的那种插曲式写法,跨出了至关重要的一步,将源源不断的历史事件解释为一个连续过程。然而,他们仍然不免受到牵制,因为他们还想要使叙事符合古典模型,想要保护共和政治,对付君主制。直到16世纪,意大利文艺复兴进入最后阶段,圭恰迪尼和马基雅维利才展示了最优秀的人文主义历史和政治写作能有何成就。二人仍然是具有佛罗伦萨公民人文主义传统的共和主义者,致力于提倡自由这个至高无上的价值,但对自己所处时代的特征不再抱有幻想。圭恰迪尼的《意大利史》被吉本放在与修昔底德作品同等的位置;马基雅维利在《论李维》的序言中说自己正在开辟"一条还无人走过的道路",他在那从未被人超越的对权力的分析中展示了一种勇敢。

马基雅维利(1469—1527)是一位不可能被从人文主义传统中遗漏,但又不可能归入人文主义传统的人物。就像他同时代的人们所认为的那样,他至今仍然具有独创性,仍然令人烦恼,但是他根植于被他严厉批评的人文主义传统。就像圭恰迪尼那样,他不需要被人劝说相信自由和自治的价值,他憎恨压迫和腐败,热情地奉献于佛罗伦萨,担任外交官和士兵。但是,对人类行为的观察和对历史的阅读让他相信,如果一个王国或共和国要避免灾难,其统治者就必须在祖国的安全和自由受到威胁时,愿意不遗余力地伪装、欺骗、使用武力——用他那著名的比喻来说,就是要有"狮子的凶猛和狐狸的狡猾"。

马基雅维利的独创性在于他将目标的高尚与一种坚定的信念结合起来,坚持认为只要目标高尚,统治者就可以也必须乐于采取极不道德的手段来实现目标。他清晰生动的写作风格增强了这种独创性。他拥有使用悖论修辞的天赋,拥有一种想要努力将自己的观察和思考推向逻辑极端的内心冲动,经常在证据十分有限的情况下提出精彩的概括之论。但是,他远非一位冷酷、自私、以恶为善的投机家，而是一个热切、慷慨的人，驱使他行动的是——用传记作家罗伯托·里多尔菲的话来说——"他因从未看到美德获胜而产生的痛苦绝望，以及他对邪恶的那种悲剧性意识"。¹

7

马基雅维利的作品至今仍然有力量，因为它们关注的是位于所有政治行动中心的问题：权力与良心、德行与美德、目的与手段之间的关系，以及他对传统答案的拒绝与对必须找到一个答案的坚定信念。特别典型的是，他认为基督教抬高了错误价值观的地位，因为它"将谦卑、自我克制以及对世俗事物的鄙夷定为人的最高品德"，这种做法的后果是将世界"作为猎物交给了邪恶之人"。以前罗马共和国的宗教颂扬公民美德，因此帮助维持了政治自由；基督教"颂扬谦卑和沉思的人"，因此导致了共和国腐坏。²

超越马基雅维利讨论基督教时的政治语境，这种观点就提出了基督教与人文主义的相容性问题，不仅是与马基雅维利那种高度独特的人文主义形式（大多数人文主义者都驳斥那种形式）的相容性问题，还有与文艺复兴时期见于意大利，后来也见于欧洲其他地方的范围更广、类型更多的人文主义观点的相容性问题。

答案似乎是，在16世纪中叶人文主义者早期的信心逐渐幻灭之前，很少有人会走得像马基雅维利那样远，也很少有人会觉得有必要走那么远。从一开始，他们的思考朝向的就是一种更加世俗的人类生活观，关注

---

1 摘引自《不列颠百科全书》中里多尔菲所写关于马基雅维利的文章，参见 *Encyclopaedia Britannica*, the 15th edition, Macropaedia v. 11, p. 230。另见 Roberto Ridolfi, *Vita di Niccolo Machiavelli*, 2 vols (4th edn, 1969); English translation by Cecil Grayson (London 1963).
2 Machiavelli's *Discourses on Livy*, Book II, ch. 12. English translation by Leslie J. Walker S. J., 2 vols, 1950; paperback edition, edited by Bernard Crick, Harmondsworth 1970.

"此世"而非中世纪幻想的"彼世"——一种历史的态度取代一种形而上学的态度。这种倾向因为古代哲学观念——如斯多葛派观念或对福尔图娜女神的崇拜——的重新发现而得以强化。

早在1337年,彼特拉克在写作其论著《名人列传》的初稿时,就完全无视了中世纪的诸位圣人和殉道者,反而从古代的异教英雄中选择典范。100年后的1452年,吉安诺佐·马内蒂(1396—1459)写了专著《论人的尊严与卓越》,逐条反驳了教皇英诺森三世著名的《论人的悲惨境况》,在书中表达了自己相信人拥有"不可估量的尊严和卓越",相信人性有"非凡的天赋和罕见的优势"。

圣奥古斯丁认为人类的生存境况是罪恶的,人作为堕落的生物,不可能在没有上帝帮助的情况下有所成就;而文艺复兴时期的观点则是人有能力靠自己的力量追求至善,塑造自己的生活,以成就赢得声誉。我们无法回避这两种观点的冲突,但是对人文主义者而言,这种冲突很少造成问题。大多数人文主义者继续将基督教信仰视为理所当然,也不觉得需要为此改变对古代世界的热情。

少数感到困扰的人有两条路可走,即新柏拉图主义和基督教人文主义。二者均以不同的方式体现了文艺复兴人文主义的宗教元素。

15世纪下半叶,在美第奇家族的崛起削弱了佛罗伦萨的自由之后,新柏拉图主义就开始在佛罗伦萨兴起,这很难说是巧合。公民人文主义者在15世纪上半叶努力宣扬的积极生活理想,此时被美第奇家族赞助下的马尔西利奥·斐奇诺、柏拉图学院的那种沉思和神秘生活理想取代。科西莫·德·美第奇委托斐奇诺首次将柏拉图的作品完整翻译为拉丁语(1484年译完),洛伦佐·德·美第奇则鼓励他创作了自己的哲学作品《关乎灵魂不朽的柏拉图神学》。斐奇诺强调柏拉图哲学与基督教之间的紧密联系,并且利用普罗克洛和普罗提诺的新柏拉图主义传统,利用《赫耳墨斯文集》,强化了这种紧密联系。《赫耳墨斯文集》展现了一个神秘主义和灵知主义的观念系统,人们(错误地)认为其作者是一位神话人物,即名为赫耳墨斯·特里斯墨吉斯忒斯（意为"三倍伟大的赫耳墨斯"）的希腊神明。这位"三倍伟大的赫耳墨斯"反过来又被等同于埃及神明托特。斐奇诺的目标是揭示所有这些不同宗教传统在本质上的一致性，将它们视为通往同一种真理的许多平行道路，其源头在古代世界连为一体。与这种对不同宗教信仰的一致性的信念相关联的——例如在深受钦佩的枢机主教库萨的尼古拉的作品中——是那种将和谐与比例视为宇宙基本原则的信念。这两条基本原则对文艺复兴时期的思想家具有强大的吸引力，而且人能够通过人类的最高活动，也就是沉思活动，与这两条原则紧密联系起来。

新柏拉图主义者强调沉思生活，公民人文主义者强调积极生活，这两方无疑是难以调和的。但是，同样毋庸置疑的是，两方都能够被视为人文主义者。与萨卢塔蒂和布鲁尼一样，斐奇诺也从古代获取灵感，尽管他的灵感来源是希腊化时代，而非共和国时期的罗马。而且，在宇宙等级系统中，他将人置于造物的中心，认为人将上帝创造的万物联系在一起。人虽然处于物质的等级，位置较低，但是仍然能够上升，甚至与上帝本身相结合。斐奇诺的年轻门生、米兰多拉领主乔瓦尼·皮科·德拉·米兰多拉（1463—1494），在其著名作品《论人的尊严》中颂扬的正是这种与上帝结合的能力。

从新柏拉图主义到神秘主义，到文艺复兴时期对魔法、占星术以及魔法师形象的入迷（对此弗朗西斯·耶茨[1]已经探究过），再到毕达哥拉斯派的数字象征主义、神话和寓言，这一系列人文主义理念对欧洲的艺术与文学——尤其是伊丽莎白时代的文学——影响深远，一直持续至17世纪。

---

[1] 参见弗朗西斯·耶茨的研究著作 *The Rosicrucian Enlightenment*（London 1972）以及彼得·弗伦奇关于伊丽莎白时代魔法师约翰·迪伊的研究著作 *John Dee*（London 1972）。弗朗西斯·耶茨在其早期著作 *Giordano Bruno and the Hermetic Tradition*（London 1964）中追溯了这种传统，认为它的形成与文艺复兴时期意大利的马尔西利奥·斐奇诺和皮科·德拉·米兰多拉有关。耶茨后来还在 *Theatre of the World*（London 1969）中研究了文艺复兴时期英格兰的这种传统。

基督教人文主义提供了一条极其不同的通往宗教真理的途径。北方的人文主义者最初之所以学习意大利人，正是因为他们有可能将人文主义治学方法应用于《圣经》文本和基督教教父的作品。实际上，正是意大利人洛伦佐·瓦拉（1407—1457）在努力调和基督教研究和人文主义研究的过程中为伊拉斯谟开辟了道路。伊拉斯谟（约1466—1536）本人由共同生活兄弟会抚养长大，这个兄弟会是一个由低地国家的虔诚平信徒组成的修会，他们远离了神学和神秘主义，投身于效仿基督在世间过的那种生活。正是这种对基督教的朴素、非教条、伦理化的看法，被伊拉斯谟吸收并终身保留，它最初在托马斯·阿·肯皮斯的《效法基督》中得到阐明。伊拉斯谟毫无困难地将这种宗教信念与精通的拉丁语及希腊语古典文献结合起来，因此成为当时最著名的人文主义学者。他利用自己的学识，完成了一个希腊语《新约》的校订版，还新译了一个拉丁语版。得益于印刷机的发明，这两个版本都在欧洲广为传播，引起人们质疑《通俗拉丁文本圣经》的权威，为新教改革者提供了重要武器。伊拉斯谟相信，要再现基督原初教诲的纯粹和未腐败的精神，最可靠的途径是对早期基督教的文献进行学术性编辑，并且将《圣经》译入英语、法语和德语。

基督教人文主义在法兰西、德意志、英格兰和低地国家吸引了一些最为优秀、最为虔诚的人物。它十分清楚地表明，这些人并未觉得虔诚的、非教条式的基督教与人文主义对新学的热情之间存在隔阂。正如克里斯特

图 1.13
以洛伦佐·德·美第奇为中心的佛罗伦萨柏拉图主义圈子的主要成员（1486）：乔瓦尼·皮科·德拉·米兰多拉、斐奇诺、波利齐亚诺

图 1.14
这幅描绘赫耳墨斯·特里斯墨吉斯忒斯的图画（1488）是锡耶纳大教堂中殿地面的一部分。画中的贤人（据信是摩西的同时代人）正将一本书递给一个东方人，同时说："噢，接受文字和法律吧，埃及人。"

勒教授所言，尽管文艺复兴时期的思想要比中世纪更以人为中心、更世俗，但是它的宗教性并不必然更弱。[1]

悲剧在于，这场运动被更好战的宗教改革派与教廷之间的争吵所超越和淹没。两方的分歧达到了迫使每个人选边站队的地步，中间立场变得难以维持，而且信仰之争与权力之争、政治野心、社会矛盾以及新出现的民族情感无可救药地纠缠在一起。

从那个时代直到现在，有一种观点不乏支持者，他们声称路德所持的那种坚定立场是必需的，唯有那样才能触动腐败的教会，迫使改革的议题得到结果，不仅形成独立的、改革过的新教教会，还在天主教会内部掀起反宗教改革运动。他们的观点或许正确，但是当时的欧洲历史是否可能有另外的样子，这个问题就像埃及的塞波尼斯大沼泽一样，不是我们应该或有必要踏足的地方。我只想在本讲座中说明宗教改革派与教廷之间的争吵对欧洲北部的人文主义传统有何影响，因为欧洲北部的人文主义传统是宗教改革运动最重要的源头之一，许多基督教人文主义者最初都有着改革教会的目标。路德（1483—1546）本人与他的主要副手、杰出的人文主义学者菲利普·梅兰希顿（1497—1560）都从未停止相信，精通古典研究，以及将古典研究应用于《圣经》（在这方面伊拉斯谟是先驱）是复兴原初、纯正的基督教诲的关键。而且，路德对神职人员中介角色的反对、对个人与上帝之间直接关系的坚持，就像他对将《圣经》译为白话的坚持那样，都完全可以被视为人文主义的自然结果。

然而，存在两块绊脚石，它们分别（有些时候共同）阻碍了大多数基督教人文主义者追随路德——至少在德意志之外如此，因为在那些地方路德无法通过对新兴德意志民族情绪的感染力获得类似的成功。其中一块绊脚石是路德越来越不遗余力地想要抛弃天主教会的传统实践与信仰，最

---

[1] Paul Oskar Kristeller, *Renaissance Thought and its Sources*, ed. by Michael Mooney (New York 1979), pp. 167–168. 另见同论文集中的第四篇 "Paganism and Christianity" 与第九篇 "The Dignity of Man"。

终彻底与教会决裂。另一块绊脚石是路德——以及立场更激进的加尔文（1509—1564）——复兴了这样一种不妥协的坚定观点，即人的本性是腐坏和罪恶的，只有通过神的恩典来干预才能得到救赎；在伊拉斯谟看来，这种观点既与基督教诲的精神毫不相容，也与人文主义背道而驰。由此而生的严重分歧断送了基督教人文主义早期还颇有希望的前途，也葬送了伊拉斯谟的影响力和托马斯·莫尔的生命。

图 1.15—1.16
老卢卡斯·克拉纳赫所绘制的路德（1525）和菲利普·梅兰希顿

8

无论人文主义者还会有其他什么分歧，包括路德、梅兰希顿以及伊拉斯谟在内的所有人文主义者都认同教育的重要性。要利用古代世界的经验和思想，掌握拉丁语和希腊语就是必不可少的关键。

古老的意大利城镇学校得到了复兴，开明的君主还新建了学校。他们自己的子女，以及宫廷及市民阶层显赫家族的子女，都在这些学校里接受人文主义者的教育，最一流的人文主义教师受到了热烈的追捧。这些学校中有两所最为著名，成为其他国家效仿的对象。一所被称为"愉悦之所"，由费尔特雷的维多利诺为曼托瓦领主贡扎加家族建立，他于1423年至1446年在那里教学；另一所由维罗纳的瓜里诺在1429年为费拉拉领主尼可洛·埃斯特建立，瓜里诺曾经在佛罗伦萨师从赫里索洛拉斯学习希腊语，后来跟随他去了拜占庭。

人生活在社会里，尤其是生活在意大利城市那样小规模的、紧张的社会里，那么他接受的教育就既要提升他的思想素质，也要提升他的社会素质。在暴力的时代，他必须学会控制自己的激情；在统治者暴虐残酷的时代，他必须学习谦恭的技艺；在充满竞争的时代，他必须学会优先使用多培养爱好而非事事专精的竞争策略。在一个崇尚卓越、不包容平庸的时代，教育的目标不是输出专才，而是培养全面的精英，培养达·芬奇、阿尔伯蒂和米开朗基罗之类的完美的"通才"。

相较于人口总数而言，这些学校的数量当然不多，但是人文主义者对培养统治阶级——无论是君主制还是共和制的统治阶级——的重视取得了成果，对学生后来的态度产生了重大影响。在15世纪，骑术和兵法教育对统治阶级家族的年轻人而言不再足够：文艺复兴时期的理想要求他们像擅长武艺那样精通艺术（如音乐）和文学。一系列关于君主教育的指导手册就说明了时人对此有多么认真——他们的这种认真态度合情合理，因为当时君主能够促成或损毁人们的幸福，还能像亨利八世那样扭转人们的宗教信仰。[1]

---

[1] 这类参考书中最早的有15世纪70年代弗朗切斯科·帕特里奇的《王国与国王的教育》。北方的例子有伊拉斯谟的《论基督教君主的教育》，该书完成于1519年，献给查理五世。作为补充的还有一系列同样必要的作品，其中卡斯蒂利奥内基于自己在乌尔比诺宫廷里的经历写就的《廷臣论》是最初的典型。英格兰的例子有托马斯·埃利奥特爵士的《统治者之书》（1531）。西班牙的例子有安东尼奥·德·格瓦拉的《君王宝鉴或马可·奥勒留皇帝的黄金之书》，据说此书在16世纪欧洲的读者人数仅次于《圣经》。

最伟大的英格兰君主伊丽莎白一世是人文主义教育的典范；她的私人教师罗杰·阿斯卡姆后来写作了英格兰最著名的教育论文《教师手册》。文法学校的建立确保了人文主义传统在英国一直延续至20世纪中期。最著名的文法学校是伦敦的圣保罗学校，由莫尔和伊拉斯谟的友人约翰·科利特在1512年建立，教育"153名孩子，无论民族与国籍"。25年后，约翰内斯·斯图尔姆在教育领域开创了另一种人文主义传统。他用希腊词语"gymnasium"来命名他在斯特拉斯堡创建并执掌40余年的拉丁文法学校。讽刺的是，路德与天主教耶稣会创始人依纳爵·罗耀拉的共同之处在于，他们都相信教育的重要性，坚持古典教育的价值。他们的这种信念和坚持，都来自人文主义者，并作为遗产留给了各自的追随者。

当时的大学则是另一回事。除新建的大学以外（见上文第五节末），其他大学仍然支持经院神学与亚里士多德主义，支持传统的法律和医学研究，经常受新学影响，但是又抵制新学。人文主义本质上是一场独立于教会和大学的平信徒运动。它在非正式团体中表现得更显著，如英格兰以托马斯·莫尔为中心的团体，或者法兰西以纳瓦拉的玛格丽特（1492—1549）王后为中心的团体，以及在意大利通常以各所学园为名的团体。还有些团体形成于伦敦的律师学院之内，或者依赖当时规模惊人的信函联络网——伊拉斯谟的信函仅是其中一例。此外还应提及印刷术发明带来的革命性影响，伊拉斯谟就是首批利用印刷术的人之一。大量古典作家的文本，无论是希腊语还是拉丁语的版本，首次在全欧洲变得易于获取。这前所未有的条件为一所无形的人文主义学院建立了框架。

人文主义的中心主题是人的潜能，人的创造力。但是，人的这些创造力，包括塑造自己的能力，都处于休眠之中；它们需要被唤醒，被开发，被发挥出来，教育就是实现这个目的的手段。人文主义者认为教育是人脱离其自然状态，发现其人文性的过程。在文艺复兴时期的人文研究中，文法和修辞教育不仅能让学生了解古典学术，培养学生高效书写和演说的能力，还让他们学习古典作品中的文学、历史和道德哲学——除了学习它

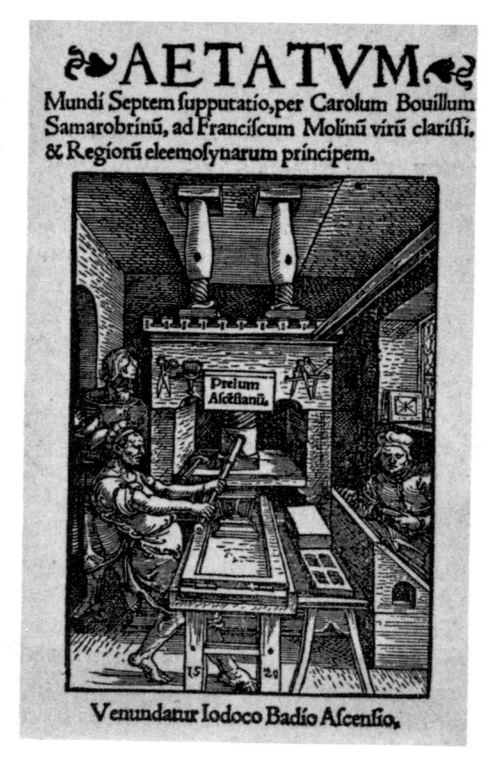

图 1.17
丢勒为若斯·巴德设计用来印刷的木刻。巴德是首批定居巴黎的学者型印刷商之一,他在意大利学习过印刷技术,还学习了希腊语,并在里昂教过10年希腊语。在印刷古典文本方面,他可以与威尼斯的阿尔杜斯·马努提乌斯相匹敌

图 1.18
小汉斯·荷尔拜因画的英格兰人文主义者、圣保罗学校创始人约翰·科利特

们的形式,还学习它们的内容。正是从荷马和修昔底德那里,从维吉尔和西塞罗那里,他们学习到了人文性的意义。

我已经说过了人文主义者对历史学的重视。他们对语言研究也有同样的重视。例如,洛伦佐·瓦拉认为通过研究语言的历史,可以追溯某种制度和概念(如法律领域内的制度和概念)或者某种习俗和生活方式的发展历程。语言让人有别于动物,是社会交流和人类交流的手段,让人能够发展与他人共处的技艺。

早期人文主义者最大的野心是恢复拉丁语古典用法的纯洁性。但是,最先怀有这种野心的彼特拉克却用托斯卡纳方言写了他的一些最优秀诗作。拉丁语和方言的高下始终是人们争论的话题,而意大利语在这种争论中得以产生,并且逐渐变得纯净。马基雅维利和他在16世纪的同代人就用意大利语写作。法兰西、英格兰和西班牙也出现了相同的情况。古典学的复兴在所有这些国家都推动本地语言的繁荣发展,促使这些国家出现文学上的黄金时代——拉伯雷、蒙田、莎士比亚、弥尔顿、塞万提斯和卡

蒙斯。这些国家的文学因古典世界的重新发现而不断受到滋养，但是不再依赖拉丁语来传播。

9

大多数人都觉得，将人文主义与文艺复兴时期的艺术联系起来，要比将其与文艺复兴时期的思想或文学联系起来更加容易。这并不奇怪，但我们还是有必要搞清楚讨论对象，因为文艺复兴时期有大量艺术作品（其中有些质量极高）与人文主义传统很少或全无关联。最有意思的案例是勃艮第宫廷统治下的尼德兰。在15世纪的尼德兰，史上最伟大的画家之一扬·范·艾克、雨果·范·德·古斯、弗莱马勒大师和罗希尔·范·德·魏登发展出了一种新的风格，以其自然主义著称，尤其是风景绘画中的自然主义，还包括用油料作画等创新。

但是，尽管这些尼德兰画家——尤其是扬·范·艾克——追溯的是中世纪早期的罗马式传统，但是他们并没有像意大利人（如布鲁内莱斯基）那样更进一步，跨过罗马式风格，抵达原初的罗马源头。正是因为有这种与古代复兴的关联，我们才能合理地用"人文主义"描述意大利文艺复兴时期富有创新性的艺术。在北方，要等到一个世纪后丢勒出现，对古典比例和动态感的热情才会开始复苏。

意大利的革新者是建筑师布鲁内莱斯基、画家马萨乔和雕塑家多纳泰罗。古典建筑和雕塑在意大利留下了大量遗迹，甚至有少数壁画和镶嵌画保存下来。正是通过这些遗迹，古典形式和古典主题进入了意大利绘画。这些艺术家虽然追求作为"不在场的模范"的古代艺术，却没有落入让拉丁语人文主义写作变得死气沉沉的单纯模仿的陷阱。他们的想象力远未被保持纯正的焦虑扼杀，而是得到了激励和释放。安德烈·沙泰尔认为，就其与古代世界的关系而言，文艺复兴时期的艺术是"一项制造文化'假晶'的宏大事业……它在努力重新发现古代的过程中创造了极其不同的东西"。这种情况在当时已经被意识到，拉斐尔（1483—1520）在1519年写给教皇利奥十世的信便能体现出来："愿陛下始终保持对古代的效仿，愿您与古人相称，将古人超越，就像您现在对伟大建筑物所做的那样。"[1]

这种情况始于15世纪的佛罗伦萨并非巧合。佛罗伦萨人对自己城市的自豪感是公民人文主义的一个必要部分，它使得公众付出非凡的努力去美化这座城市。布鲁内莱斯基、多纳泰罗和马萨乔都受雇参与了这项美化的事业。早期人文主义者的理想城市在佛罗伦萨得以成形，阿尔伯蒂在其论著中为后代梳理了绘画、雕塑和建筑艺术的新实践。最引人注目的新方法是透视，不仅有透视在实践中的运用（其实例表现在扬·范·艾克的绘画中，符合经验观察，类似于你透过窗户所见的样子），还有使透视原理得到归纳的数学理论。这强有力地感染了文艺复兴时期以数字为基础的和谐比例的信念，尤其吸引了因精通数字而更容易接受以数学为设计基础的佛罗伦萨人。没有哪座城市能在银行业务知识方面与佛罗伦萨相匹敌，所有受过教育的佛罗伦萨人都从小学会使用算盘。透视这种在古代和中世纪尚且无人知晓的方法，为自然主义描绘外部世界提供了精确的基础，完美地说明了古代复兴事业如何与创新相容。

布克哈特有一种著名的说法，将意大利文艺复兴形容为"对世界的发现和对人的发现"——前者探索外部世界，因而是客观的；后者探索人的个体性，因而是主观的。"回归自然"是当时广泛使用的说法，与"回归古代"相称。列奥纳多·达·芬奇（1452—1519）说画家是"大自然的所有可见杰作的模仿者"，也赞同当时普遍流行的观念，即画作越像"被模仿的事物"越好。

透视的"科学"与对自然的表现之间的关系，体现了一种更广泛、

图 1.19
布鲁内莱斯基设计的佛罗伦萨圣洛伦佐教堂圣器室，带有两幅由多纳泰罗创作的浅浮雕塑像

图 1.20
意大利钱币兑换商和银行家

图 1.21
理想城市的建筑透视图（意大利，15世纪）

---

1 André Chastel, 'The Arts during the Renaissance' in *The Renaissance: Essays in Interpretation* (London 1982), p. 238. 拉斐尔向教皇致信的内容也引自这篇论文。

33

独见于意大利文艺复兴时期的对艺术与科学之间关系的兴趣——这里的科学指的是与寻找数学基础相结合的经验观察。这方面的最佳范例还是达·芬奇，肯尼斯·克拉克称他是"史上好奇心最持久的人"。他对自己所见事物的原理的强烈好奇心，驱使他写下了那些著名的笔记。他坚持认为，绘画追求自然主义时必须服从"数学的科学"。

人体比例的数学理论既可以满足新柏拉图主义者对人与自然之间和谐的连续性的笃信，也可以满足对称性的古典信念。对这种理论的追求深深吸引了阿尔伯蒂、达·芬奇和丢勒（丢勒始终是北方艺术家中最接近意大利人的）。三人都写过关于人体比例及透视的研究文章，阿尔伯蒂还将人体比例当作其建筑比例理论的基础。

阿尔伯蒂和达·芬奇又一次不谋而合，他们都重视艺术家对解剖学和生理学的研究。我们可以为意大利从事解剖工作的画家列出一份长长的名单，其中包括米开朗基罗和达·芬奇。意大利文艺复兴时期的艺术家像这样结合了对自然的观察、描绘和表现，这种结合被视为以人文主义科学家伽利略为起点的科学革新的爆发式发展的必要条件。

在艺术与科学还未分道扬镳的时代，这种"对世界的发现"自然而然地与布克哈特的第二个说法"对人的发现"携手并进。因为如果说意大利文艺复兴时期的艺术有一种最突出的特征，那就是自古代以来无与伦比的、对人类本性进行刻画的精神力量。关于这点还需要多费唇舌吗？从多纳泰罗到拉斐尔，再到提香，一系列伟大艺术家已给出了生动的诠释。这是一种对人的描绘，以多种多样的视觉形式传达了人文主义者对人之尊严的信心；我们可以把丢勒（1471—1528）和小汉斯·荷尔拜因（1497—1543）包括在其中，他们是最接近伊拉斯谟、莫尔和北方人文主义者的。肯尼斯·克拉克在其最近一本著作《人文主义的艺术》中写道："他们的题材是人类，严肃而热情、真挚而聪明的人类。"就像那些伟大的希腊艺术家一样，他们描绘"具体而普遍之物"，也就是将普遍真理与具体经验结合在一起。在亚里士多德看来，正是这点使诗与艺术的表现方式超

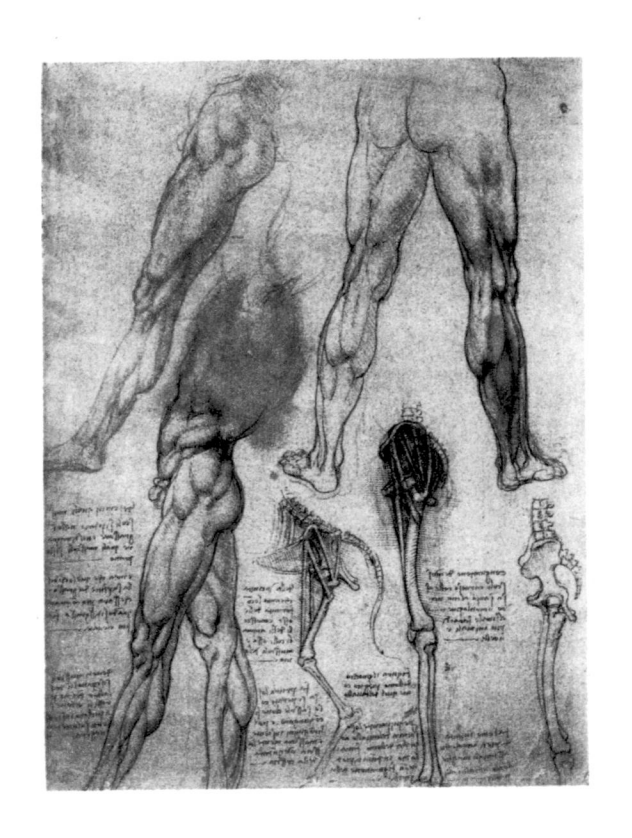

图 1.22
列奥纳多·达·芬奇的解剖学比较研究

越了哲学和历史。

文艺复兴时期的艺术家很少是人文主义者，但这个时期最著名的意大利艺术家都与人文主义者有联系，与人文主义者有着共同的兴趣（例如热衷于复兴古代），受到人文主义者的观念影响（例如，新柏拉图主义对波提切利和米开朗基罗的影响），并尝试以自己的媒介表达这些观念。阿尔伯蒂是人文主义者中最接近艺术家的，他在自己的《论绘画》中坚持认为绘画是一项高尚的活动，应该像诗歌和修辞那样被视为一门博雅艺术。他认为，出于这种原因，艺术家必须接受诗人及修辞学家所接受的教育，与他们为伍；艺术不应该交给目不识丁的手艺人。如果说这种观点在 15 世纪还具有争议性，那么 16 世纪的米开朗基罗、拉斐尔或提香的名望则说明了人文主义在多大程度上改变了艺术家，至少是少数卓越艺术家的地位；教皇和君主将米开朗基罗之类的艺术家视为密友，"神妙"这个词经常被用来形容艺术天才。

10

让古典范式（如裸体作品）、古典神话和象征融入基督教传统，这个过程中的难题随时间推移才慢慢得到解决。两种传统的融合最终在16世纪初文艺复兴盛期那种非凡的"火焰和光明迸发"（潘诺夫斯基的说法）之中完成，当时专横的教皇儒略二世将米开朗基罗、拉斐尔、伯拉孟特（约1444—1514）召至罗马，委托他们在相隔几百码[1]远的地方分别工作。米开朗基罗为西斯廷教堂创作天顶壁画；拉斐尔为梵蒂冈的教皇宅邸绘制壁画；伯拉孟特则修建新的圣彼得大教堂，并且将梵蒂冈宫和贝尔韦代雷别墅连接起来，创造了文艺复兴时期庭园的原型。

然而，这个黄金时代在1520年拉斐尔去世时终结，仅仅持续了20来年。沃尔夫林称文艺复兴盛期的艺术为"古典艺术"，这段时期的和谐与平衡结束后，随之而来的是一段动荡不安的时期，期间的艺术表现出不自然、夸张的风格主义。

风格主义是否存在，艺术史学家莫衷一是，但无论它存在与否，从米开朗基罗在早期作品《哀悼基督》《大卫》和《摩西》中表达的那种和谐，到16世纪20年代洛伦佐图书馆和美第奇家族陵墓创造的那种强烈的焦虑印象，这中间无疑存在变化；对比更强烈的是，1511年他在西斯廷教堂天顶上绘制的《创造亚当》带有一种崇高感，而1536年至1541年他在该礼拜堂端墙上绘制的《最后的审判》却呈现出一种黯淡、痛苦的景象。

圭恰迪尼在16世纪30年代末写作《意大利史》时，将文艺复兴后期分为两个差异明显的时间段。分隔线是1494年，法兰西人在那一年入侵意大利，15世纪下半叶的和平与繁荣被各种磨难与邪恶所取代。罗马在1527年遭到劫掠，接着那不勒斯和佛罗伦萨被围困，后来又出现了饥荒

图1.23
米开朗基罗在梵蒂冈西斯廷教堂天顶上绘制的《创造亚当》

图1.24
米开朗基罗的《大卫》。《大卫》和《创造亚当》是文艺复兴时期人文主义的最佳体现

图1.25
文艺复兴时期最杰出的艺术赞助人教皇儒略二世的画像（拉斐尔《博尔塞纳的弥撒》的局部）

1　1码约等于0.914米。——编者注

1.23

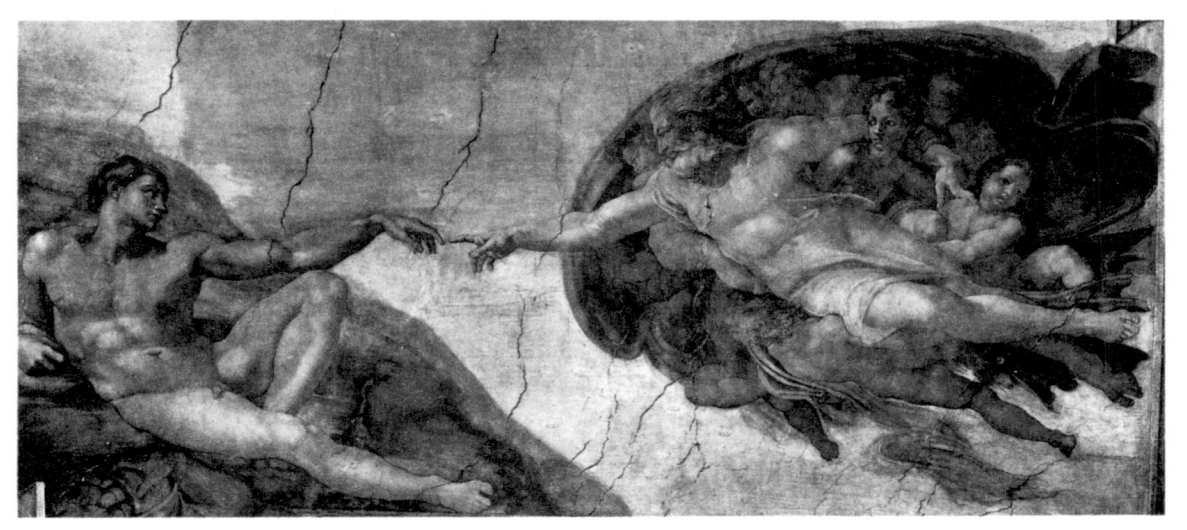

1.24

1.25

和瘟疫。马基雅维利（在 1527 年去世）和圭恰迪尼（比马基雅维利活得更久，在 1540 年去世）在后期的作品中认为自己生活的时代充满了不可改变的灾难，他们没有了阿尔伯蒂和公民人文主义者那种信心，不再相信德行能够战胜命运，也不再相信人类的勇气和理性合起来能够战胜逆境。相反，他们看到的是所有共和国都要经历的一个循环；政治才干只能延缓而不能阻止腐败和衰落。马基雅维利认为，就连古代的罗马共和国也是这样；当时的佛罗伦萨也不例外，1527 年在那里恢复的共和国只维持了三年时间便以崩溃告终，美第奇家族永久地夺回了对城市的控制权。

意大利最后的共和国是威尼斯，圭恰迪尼等人文主义者将希望寄托在威尼斯之上——这也是有道理的，因为威尼斯至少还有提香（约 1488—1576）和建筑天才帕拉第奥（1508—1580），人文主义艺术在那里仍然可以取得成就。但是，威尼斯共和国之所以存活下来，凭借的只有巧妙地适应时势变化。而时势变化的方向，不仅在意大利，在全欧洲也是不利于人文主义的。宗教战争的暴力和不宽容席卷欧洲，老彼得·勃鲁盖尔绘出令人惊恐的《死神的胜利》，此时早期人文主义者那种对人类尊严和创造力的信心真像是一种对现实事态的辛辣讽刺；正如在我们这个时代，十八九

图 1.26
老彼得·勃鲁盖尔在 1561 年至 1562 年创作的《死神的胜利》

世纪的人文主义对进步的可能性所怀有的较早信心被粉碎，我们产生了相似的感觉。

就像20世纪这样，16世纪的人文主义传统如果要经受住早期乐观情绪的破灭，不抛弃自己的信念，不对人类彻底悲观，就必须适应人生中那种已经困扰了马基雅维利的不安全感和悲剧元素。对比16世纪头20年文艺复兴盛期表现出来的那种非凡而脆弱的短暂和谐，与莎士比亚在16世纪最后10年和17世纪头12年所写戏剧中的那个世界，我们就能看出区别有多大。我倒不是说莎士比亚（1564—1616）本人是人文主义者。谁知道他是什么身份？他写了上百万字的作品，被公认是最伟大的文学艺术家，但他仍然蒙着面纱，难以被人看清，就好像他一字未写那样。

但是他的戏剧又是另外一回事。无论我们对莎士比亚的了解有多少，他的戏剧在表现人类境况方面的全面性从未被超越过。因此，莎士比亚——这里指的不是他本人，而是他的戏剧——在人文主义传统中拥有稳固的中心地位。正如马修·阿诺德所写：

不朽的灵魂必须忍受的所有痛苦，
所有伤人的懦弱，所有令人折腰的悲痛，
在那胜利的面容中找到它们唯一的声音。

莎士比亚的戏剧中有光明和黑暗，有滑稽和下流（法斯塔夫、波顿、托比·培尔契爵士），有田园和浪漫（《皆大欢喜》《第十二夜》《仲夏夜之梦》《暴风雨》），但是最深处的调子却是悲剧性的（李尔王、奥赛罗、安东尼、克利奥帕特拉、布鲁图）。莎士比亚并没有比马基雅维利更相信德行——也就是勇气和雄心——能够征服命运。人能做的至多就是以斯多葛派的方式面对失败。正如《李尔王》中的埃德加所说："一死犹如一生，均不可强求。随时准备即是！"（梁实秋译）

或者，像克利奥帕特拉那样，以高贵庄严的姿态直面希望的毁灭：

……诸位，振作起来；
我们要埋葬他；然后我要按照
最庄严最高贵的罗马的仪式
让死神很荣耀地把我带走。
……给我袍子，给我戴上王冠；
我希望我的灵魂不死。

（梁实秋译）

莎士比亚也描绘了人文主义君主的形象，它比其他人描绘的所有人文主义君主形象都要持久：

有廷臣的仪表，有学者的舌锋，有勇士的剑芒；
全国瞩望的后起之秀，
风流的宝镜，礼貌的典型，
群伦瞻仰的对象。

（梁实秋译）

但是，哈姆雷特现在是一位"毁了的高贵天才"，是一位幻想破灭的人文主义者，莎士比亚为他写了如下台词，在其中戏仿前人为阿尔伯蒂和皮科·德拉·米兰多拉写的颂辞，表达了自己的憎恶：

人是何等巧妙的一件天工！理性何等的高贵！智能何等的广大！仪容举止何等的匀称可爱！行动是多么像天使！悟性是多么像神明！真是世界之美，万物之灵！但是，由我看来，这尘垢的精华又算得什么？人不能使我欢喜。

（梁实秋译）

图 1.27
莎士比亚的戏剧和十四行诗是人文主义传统最珍贵的宝藏

II

对哈姆雷特的最佳回应,是由最后一位文艺复兴人文主义者米歇尔·德·蒙田(1533—1592)给出的。蒙田谴责宗教内战是"一所教人学会背信弃义、丢掉人性、抢劫掠夺的学校",下定决心不参与其中。他在1571年远离"宫廷和公职的奴役"(这句话刻在他书房入口上方),并且在接下来的20年里致力于三卷本的《随笔集》。尽管时有中辍,但他一直坚持写作,不断进行增补,最终凭借此书声名远播。他有一块纪念章上刻着"我知道什么?"他对此的回答是:"我确切知道的就只有我自己。"随笔是他发明的文学形式,他在随笔中进行了广泛的自我审视,进行了一系列检验或测试。原义指这种自我审视的法语单词"essais",就成为他作品集的标题。在写作这些作品的过程中,他观察记录了自己的行为,既没有自我欺骗和自我美化,也没有表现出另一种同样扭曲自我形象的缺点——自我憎恨和绝望。

文艺复兴时期的人们乐于将自己视为艺术作品(布克哈特对此有颇多论述),但蒙田对此并不感兴趣,他关注的是自我认知,将自我认知视为

图 1.28
蒙田在书房顶部横梁上刻了拉丁语和希腊语作家语录,以及出自《圣经》的引语。例如,在从上至下的第三根横梁上,刻的就是一句欧里庇得斯的希腊语名言:"谁知道生是否就是人们所说的死,而死是否其实就是生?"

理解人类境况的唯一可靠的关键途径。他写道:"每个人都呈现了人类处境的完整形态。"在他所竖立的那面镜子中,或许每个人都能彻底看清自己的多变和渺小。

蒙田所描绘的人的形象,并非源于佛罗伦萨人文主义者寄托在自由和共和国公民精神之上的那种希望,也非源于马基雅维利因他们的失败而去寻找的那些孤注一掷的解决方法。它同样避免了皮科·德拉·米兰多拉和新柏拉图主义者那种浮夸的赞扬("行动是多么像天使!悟性是多么像神明!"),也回避了米开朗基罗之类艺术家的那种英雄景象。然而,蒙田的描绘仍然将人置于中心位置,尽管原因只是人所知的一切都源自他自己的经验。关键在于蒙田以及后来的歌德都使用的那个口号——"克制"。这个词是他从希腊怀疑论者那里拿来的,并将它的希腊语原文刻在了个人纪念章的背面。尝试成为超凡之人是一种危险的诱惑:人若学会接受自己的现实,将会更幸福,更优秀。自我接纳并不会阻碍自我提升,它其实是自我提升的条件。

蒙田以苏格拉底为老师和榜样,在最后一篇随笔《论阅历》的结尾处写道：

> 我这人爱生活，上帝赐给我怎样的生活我就怎样过……我们寻求其他的处境，是因为不会利用自身的处境。我们要走出自己，是因为不知道自身的潜能。我们踩在高跷上也是徒然，因为高跷也要倚靠我们的腿脚去走路的。即使世上最高的宝座，我们也是只坐在自己的屁股上。依我看，最美丽的人生是以平凡人性作为楷模……不求奇迹，不思荒诞。

（马振聘译）

这就是对哈姆雷特那种轻蔑言论的回应，而且依然是一种人文主义的回应。其中的沉静并不是一种轻松的乐观主义的反映，而是来源于蒙田及其同代人对多变命运的经历，以及他们对人类无情相残的第一手

图 1.29
特伦托大公会议在 1563 年的最后一次会议标志着天主教人文主义的终结和反宗教改革运动的胜利（这幅画被归于提香之手）

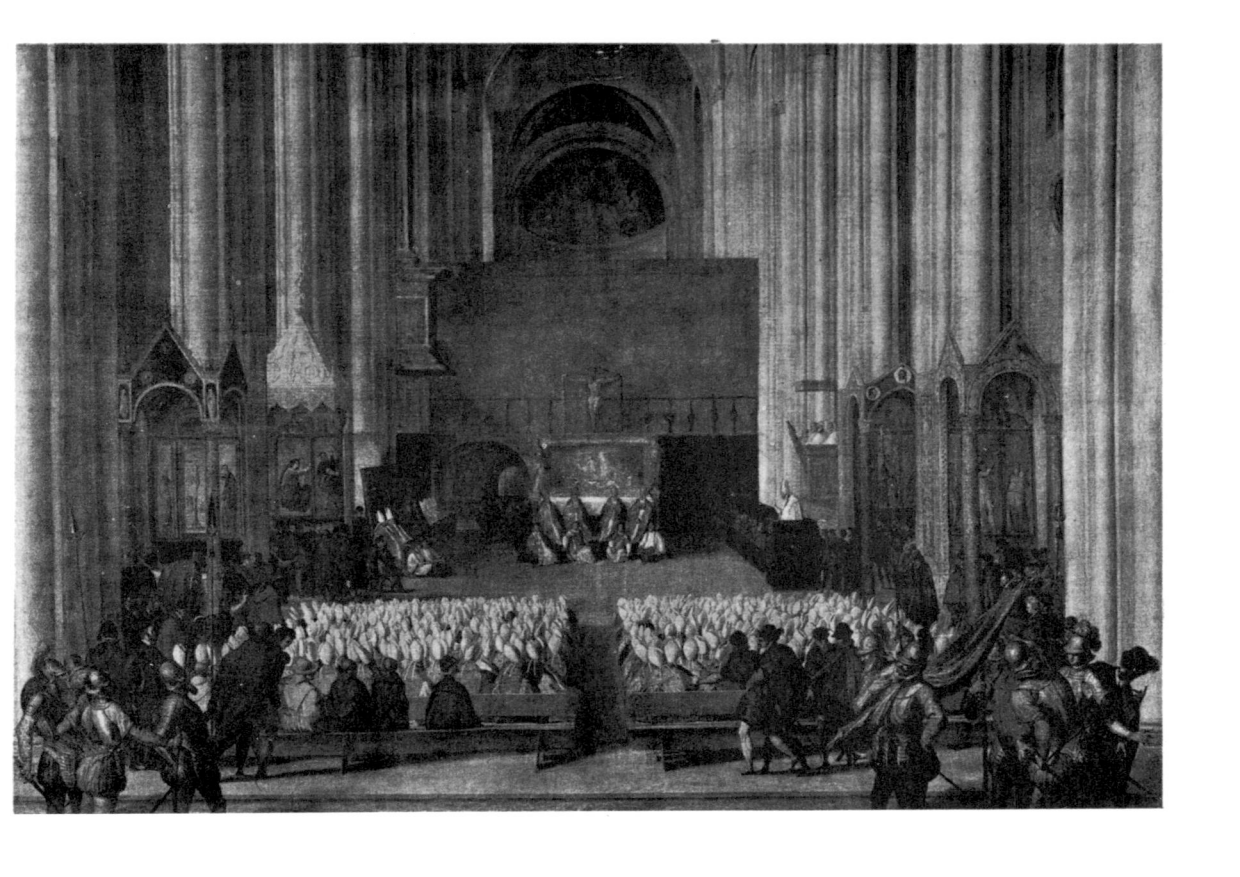

认知。

蒙田确实给出了回应,但这是一种个人的回应。16世纪中叶以前的人文主义态度尽管不止于此,但是已经不再流行,不再受人支持。路德1517年在维滕贝格的教堂门上张贴论纲,标志着持续100年的特别的宽容时代终结。基督教人文主义者伊拉斯谟同时被新教徒和天主教徒谴责。路德在其出版于1525年的《论意志的束缚》中批判了伊拉斯谟的观点,宣称人类是"受束缚的、悲惨的、被俘虏的、有病的、死寂的",人的所有行动都是他们那"讨厌和邪恶的"本性的结果。加尔文甚至更激进,他摒弃了最初持有的人文主义观念,转而声称除上帝的选民外,其他人都背负着永久的罪孽。各门艺术尤其受清教徒敌视,一种反对崇拜圣像的破坏狂热席卷了北欧。蒙田写道,改革的意识形态经常结合了"天上的学说和地下的风俗"——这种说法也适用于20世纪。

天主教的反宗教改革运动不满足于恢复宗教裁判所和建立耶稣会之类好战的修会,而是像新教徒那样诉诸世俗的国家权力来施行对自由思想的禁令。人文主义摒弃了权威,反而求助于标新立异的古典传统,包括早期

图 1.30
1572年的圣巴托洛缪大屠杀。巴黎的所有胡格诺派教徒,约2000人,被信奉天主教的太后凯瑟琳·德·美第奇与吉斯公爵下令杀害

基督教。现在权威重新发挥作用。反宗教改革运动和新教改革者都开始压制人文主义的异端观点，即人在道德方面拥有自由意志。它们也都逆转了那种将古代及文艺复兴时期与中世纪区分开来的对人类及其活动的重视。

文艺复兴时期的人文主义本来就具有个人主义特征，既不是一种信条，也不是一种哲学体系；它没有代表哪个利益团体，也没有尝试将自己组织成一场运动。它仅仅吸引受过教育的阶层，吸引城市或贵族圈子中的少数文雅精英，而不像路德或诺克斯所做的那样，也不像反宗教改革的天主教会尝试再次去做的那样，吸引未受过教育的广大群众。因此，它作为一种历史力量，有着显而易见的缺点。在那些将它视为异端或假象的人们联合起来压制它时，这些缺点显露无遗。但是，它所代表的那些观念，它对人类经验的价值和中心地位——按照今天仍然通用的那个最初的拉丁语说法，就是人的尊严——的坚持，有着特别巨大的力量，这种力量一旦被恢复和再现，就再也无法被永久地压制。尽管在16世纪后期很难有人承认，但未来确实站在人文主义者这边。

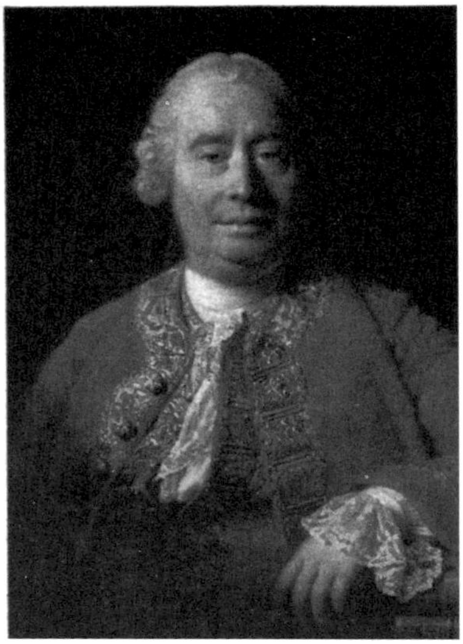
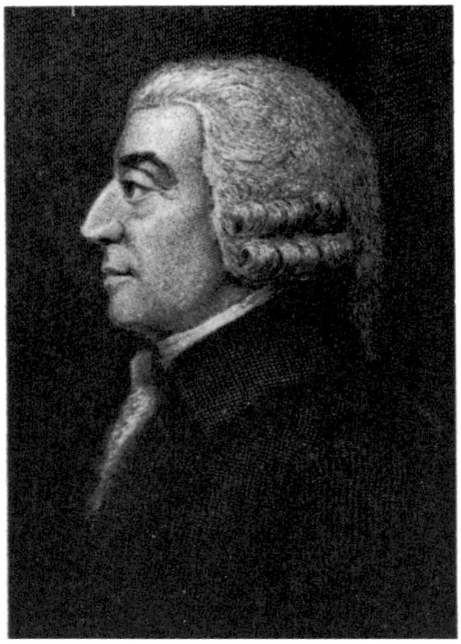
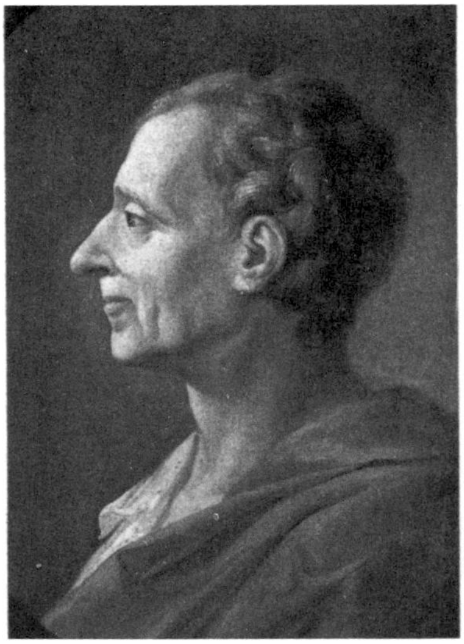
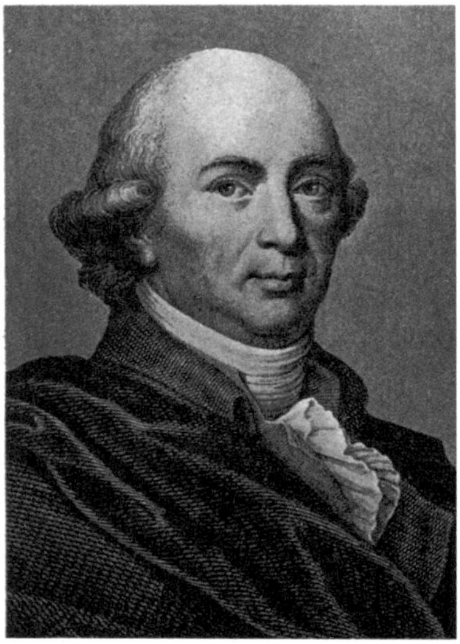
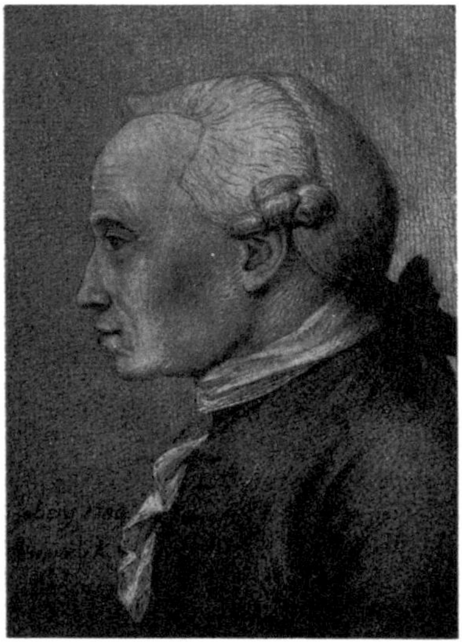
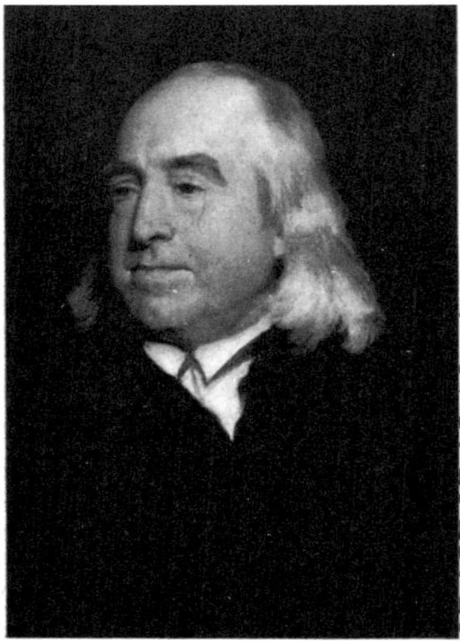
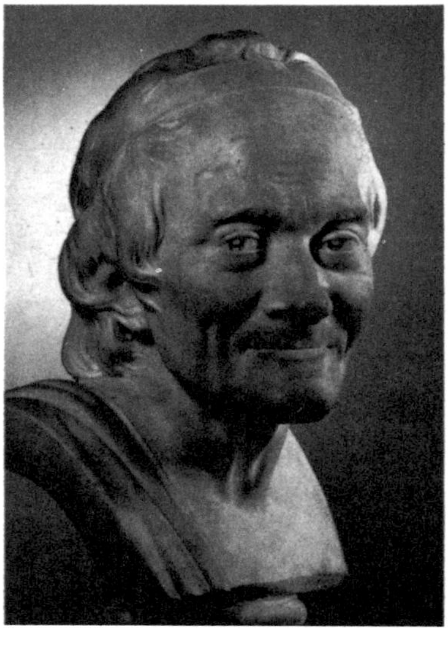
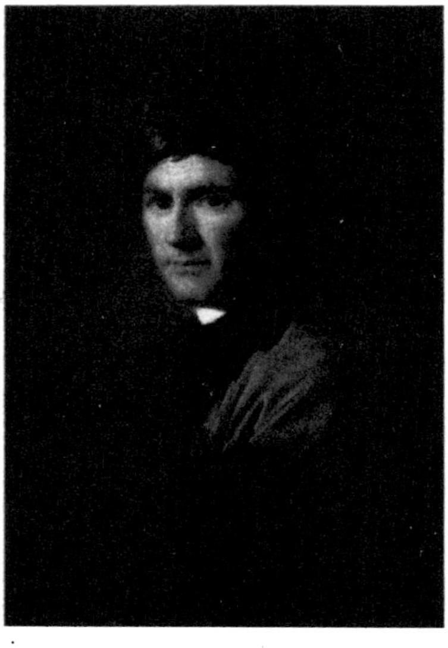
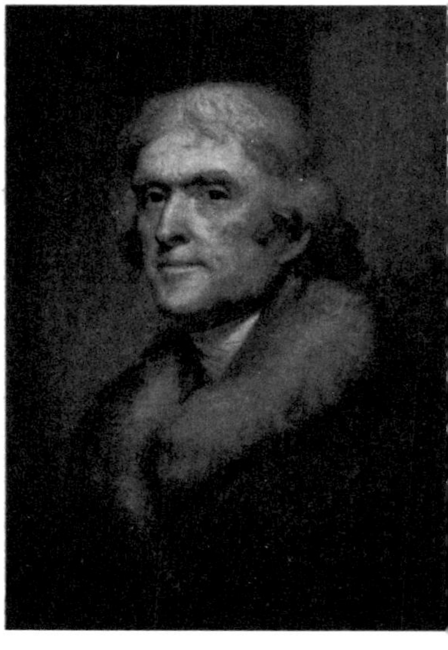

第二章
启蒙运动

I

关于人文主义传统的发展,讲完文艺复兴,我接下来要讲18世纪的启蒙运动。我尤其要关注的是哲人,他们不是职业的哲学家,而是历史学家彼得·盖伊所谓的"一群松散、非正式、完全没有组织的文化批评家、宗教怀疑主义者和政治改革者,来自从爱丁堡到那不勒斯,巴黎到柏林,波士顿到费城的各个地方"。[1]巴黎是启蒙运动的中心,正如佛罗伦萨在三个世纪以前是人文主义者的中心那样;法语是启蒙运动的天然语言,正如拉丁语在15世纪那样。

这些18世纪的哲人——最著名的有伏尔泰、孟德斯鸠、狄德罗、卢梭、吉本、边沁、休谟、亚当·斯密、富兰克林、杰斐逊、莱辛、康德——就像文艺复兴时期的前辈一样,彼此之间进行着无休止的辩论,十分敏感、喜欢争吵和互相责备。但是,他们将自己比作一个家庭,愿意像一家人那样团结起来支持他们共同的信念,宣扬人性、世俗主义、世界主义和自由,宣扬不受教会、国家专断干涉的质疑和批评权。

图 2.1
左页图第一排为休谟、亚当·斯密、孟德斯鸠,第二排为赫尔德、康德、边沁,第三排为伏尔泰、卢梭、杰斐逊(自左至右)

---

[1] Peter Gay, *The Enlightenment*, v. I, *The Rise of Modern Paganism* (London 1970). p. 3.

图 2.2
哲人的晚餐:(1)伏尔泰;(2)孔多塞;(4)达朗贝尔;(6)狄德罗。该版画为启蒙运动时期画家让·胡贝尔所作

欧洲的受教育阶层此前从未形成过如此具有世界主义性质的团体,他们以法语为通用语言,在那个"壮游"时代,尤其是在战争不那么常见的 18 世纪上半叶频繁游历。在 17 世纪末期首次出现的报刊的出版补充了书籍的流通。在巴黎、伦敦或阿姆斯特丹出版的重要内容都会立即被翻译成其他主要的欧洲语言。例如,孟德斯鸠的《论法的精神》在 1748 年出版,在 1751 年就已经有了 22 个法语译本;拉丁语译本同年在匈牙利出版;英语译本到 1773 年出版了 10 个;荷兰语、波兰语和意大利语译本在 18 世纪 70 年代出版;德语、俄语译本分别在 1789 年和 1801 年出版。伏尔泰的《老实人》仅在 1759 年就出了 8 个版本。传播范围之广也毋庸置疑——著名的《百科全书》有 4000 名订购者。哲人的受众是一个尽管遍布世界却仍然规模不大的精英团体,不过他们特别乐于接受新观念;这个团体包括许多贵族成员(更不用说只愿意讲法语的腓特烈大帝,以及俄国的叶卡捷琳娜大帝),还包括数量惊人的神职人员。萨尔茨堡大主教的书房里有伏尔泰和卢梭的半身雕像,所有沙龙里都能见到天主教的神父。波尔多和第戎等外省学术团体,还有各个文学和阅读协会,它们的成员都是神职人员、律师、医生、王室政府官员,以及当地贵族和较富裕的商人。18 世纪 70 年代美因茨的一个协会有 300 位成员,订购了 47 份报纸和 41 份法语及德语

期刊。正是通过这些团体，通过这些共济会分会、俱乐部和咖啡馆，新思想才得以向下渗透到各个地区。

至少在一个地方，观念的流动是反过来的。这个地方就是苏格兰，它曾经是一个王国，但在当时已经成为北不列颠省；爱丁堡不再是它的首都，但是被人们骄傲地称作"北方的雅典"。苏格兰有当时最具创意、最为敏锐的两位思想家即休谟和亚当·斯密，有弗朗西斯·哈奇森、托马斯·里德、凯姆斯勋爵、蒙博杜勋爵、约翰·米勒、威廉·罗伯逊和杜格尔德·斯图尔特之类的重要天才。有许多美洲学生被吸引到经过改革的爱丁堡大学和格拉斯哥大学，还有群贤会之类特别专注于讨论道德、社会和经济议题的辩论社团，因此苏格兰启蒙运动能够将接收到的观念尽数传播出去。

2

在启蒙运动之前的一个半世纪里，中世纪和文艺复兴时期欧洲那个紧闭的世界逐步开放。天文学领域里，哥白尼革命因伽利略而得以壮大，让

图 2.3
爱丁堡，休谟和亚当·斯密时代的"北方的雅典"

地球及其居民不再是宇宙的中心，而仅仅是一颗围绕局域恒星公转的行星。如果说宇宙在扩大，那么地球本身的边界也在扩张，当时人们开展了远航探索，发现了新世界的美洲印第安人，还发现了中国、印度和伊斯兰世界这些具有历史意义的非基督教文明。

在文艺复兴之后，教条式的宗教强势复苏——这种情况既见于天主教，也见于新教。17世纪并不缺乏在人文主义传统中占据一席之地的伟大天才，它拥有塞万提斯、伦勃朗、莫里哀之类的人物，但更为重要的是，它是欧洲历史上伟大的宗教时期之一；用法兰西历史学家保罗·阿扎尔的话来说，这个时期"彻底、紧迫和深刻"。然而，随着17世纪向前推进，潜伏的怀疑情绪越来越强。宗教战争导致基督教世界分裂，难以和解，还导致哲学思想和神学思想之间的距离越来越大。笛卡尔（1596—1650）和斯宾诺莎（1632—1677）或许确实是虔诚信教之人，但是他们在找寻真理时只依赖理性，而这种依赖造成的影响在当时令人不安。哲学界的马基雅维利——托马斯·霍布斯（1588—1679）对安全感的寻求（他写道："恐惧与我是孪生子。"）反映了英国内战激起的忧虑，他彻底否认宗教是人类价值的来源之一，认为道德和社会的基础仅仅是纯粹人性的自保本能。宗教和世俗上的传统信念都受到17世纪的经验干扰。霍布斯或皮埃尔·培尔那样的怀疑论让人们感到震惊。皮埃尔·培尔这位法兰西新教难民宣称，理性摧毁了公认的信念，甚至让怀疑本身的根据都令人怀疑。但是，震惊的人们不知道怎么回应他们。

这种焦虑的潮流在18世纪上半叶被一种新的乐观情绪逆转和取代。早在这之前，17世纪的最初几年里，弗朗西斯·培根（1561—1626）就预测了这种心绪变化的缘由。他摒弃了各个学科中的传统，并且将一切都押在实验科学之上，认为实验科学能够将人从原罪负担中解放出来，让人重新获得自人类堕落以来就失去的对自然的控制。"人类在科学方面像中了妖术一样停滞不前，"他写道，"这是因为他们尊崇古代，迷信哲学中伟大人物的权威，进而追求公众赞同。"[1]

培根认为剩下的办法只有一个，那就是基于观察和实验，而非基于权威或（笛卡尔式的）演绎推理，"全面地重新开始理解的工作"。[2]

培根在1626年去世。他在科学还未取得成就的时代宣扬科学的潜力，但是科学成就很快就会到来。天才艾萨克·牛顿（他生于培根去世16年后的1642年，死于1727年）产生的巨大影响，配得上蒲柏为他写的著名的墓志铭：

> 自然与自然的法则潜藏在黑夜之中，
> 神说："要有牛顿！"一切就有了光。

当然，并不是"一切"都有了光。但是牛顿提出的三大运动定律和万有引力定律，不仅为经典物理学奠定了基础，还让人们看到了同样的方法有希望最终被用于揭示仍然未知的事物。似乎上帝是一位数学家，人类可以依靠理性懂得其算计，自然不再是一系列任意的、让人类在生活中恐惧不断的神秘力量，而是被揭示为一个由许多可理解的力量构成的体系。

3

如果说启蒙运动中有谁扮演了彼特拉克在文艺复兴人文主义中扮演的角色，那就是牛顿的友人、牛津大学的哲学家约翰·洛克（1632—1704）。洛克的《政府论（下篇）》为1688年的英国革命提供了智识上的

---

1 Francis Bacon, *Novum Organon*, Aphorism 84. 此处的现成英语译文取自埃德温·阿瑟·伯特编辑的文集 *The English Philosophers, From Bacon to Mill*, (New York 1939), p. 58。
2 *Novum Organon* 伯特译本的序言，*op. cit.*, p. 25。

图 2.4
西尔维斯特·布隆奥尔在 1685 年左右创作的约翰·洛克画像

辩护，并且提出了政府契约论，将政府视为一种信托，若未能为臣民的人身、财产提供保护和自由，则可以被撤销。洛克的其他作品关注教育和人的不理性，为包容思想自由提供了经典的表态。但是，出版于 1690 年的《人类理解论》是他受关注最多的作品。他驳斥了笛卡尔那种人类天生就有思想的论断，认为人类的思想源自感官印象，要么直接源自它们，要么源自心灵对它们提供的证据进行反思。洛克继续详细阐述了他的观点：道德价值观，也就是善恶的意义，来自与人类经验相关的愉悦感和痛苦感。对哲人而言，他似乎就像牛顿发现自然世界的科学定律那样发现了人类心灵的科学定律，因此，为按照更理性进而更幸福的路线来重建人类社会开辟了道路。伏尔泰（1694—1778）认为牛顿和洛克的观念源自英格兰人享有的自由。得益于他的热情宣扬，牛顿和洛克的观念在启蒙运动的最初阶段里产生了独特的影响力。

就像文艺复兴时期的人文主义者那样，18 世纪的哲人也赞赏古典时代。那种重新发现失落大陆的激动之感已然不复存在；哲人们都接受过古典教育，古典教育被他们视作理所当然，不足为奇。但是，他们保持着对基督教出现以前的罗马共和国的认同感。拥有人文理想的西塞罗是 15 世纪佛罗伦萨人的英雄,同样也是他们的英雄。再一次像人文主义者那样,他们不接受抽象的哲学体系,不仅抨击天主教经院哲学,还抨击笛卡尔式的理性主义。在谈论理性的时候,他们心中所想的是智识的批判性和颠覆性运用,而非智识构建逻辑体系的能力;他们是经验主义者,是经验和常识的哲学家,而非17世纪笛卡尔意义上的理性主义者。如同文艺复兴早期的公民人文主义者,他们将积极生活置于沉思生活之上,厌恶形而上学,极其关注此时和此地生活中的实际问题——道德、精神以及社会的问题。最后,他们还像人文主义者那样相信人与自然的和谐;牛顿和洛克此时已经为这种和谐提供了智识上的支撑。在《圣塞西莉亚节之歌》（1687）中,德莱顿用阿尔伯蒂、库萨的尼古拉或皮科·德拉·米兰多拉一眼就能辨别出来的措辞表达了那种信念:

> 从和谐,从天国的和谐,
> 这个全宇宙的结构发端:
> 从和谐到和谐,
> 它奏响了全范围的音符,
> 和声在人身上圆满完成。

这些相似之处足以证实文艺复兴和启蒙运动之间存在人文主义传统的延续,而且哲人对这种延续有清楚的意识。但是,他们也意识到了其中的区别,即这是一种延续,而非同一。彼得·盖伊对此的表述很清楚:"文艺复兴辩证法是启蒙运动辩证法的先例和前提。二者尽管有相似的张力,但解决方法各异。"

文艺复兴时期的人文主义者和艺术家发现,可以通过多种方式结合（或者至少调和）古典主题及哲学与基督教信念,既相信人,也相信上帝。"完全世俗、完全祛魅的世界观在文艺复兴文人中相对罕见……神圣仍然是文艺复兴雕塑家、建筑师和画家的核心主题。"[1]

启蒙运动却有着迥然不同的调子、语境和预设。对哲人们而言，调和并不足够。到18世纪初，17世纪的宗教复兴已经丧失了动力，但是除英格兰以外，尤其是在天主教国家，宗教复兴创建的权力结构仍未改变，同样未改变的是教会拥有巨大财富，教会和国家之间联系密切，出版内容受到审查，异见人士遭到迫害（例如胡格诺派教徒在1685年被逐出法兰西），思想自由被剥夺，以及教育被垄断。在哲人看来，这就是应该被摧毁的敌人。罗马共和国时期的英雄加图每次在元老院演讲结束时都会说"迦太基必须毁灭"，伏尔泰效仿他，写信时在结尾说"这种恶行必须消灭"。

他们认为，此时正是对正统的堡垒发起攻击的恰当时机。针对教会的聚敛财富、滋生腐败和堕向世俗，反教权主义批评现在能够得到自然主义的宇宙观、成功的科学方法，以及因前二者而产生的批判的、怀疑的经验主义思想习惯的支持。

要将新的思想方式扩展至改革人类境况和人类社会，也就是创造出一种关于人和社会的科学，这个过程中的阻碍是启示宗教的奥秘、魔力、悖谬（教会操控它们来维持神职人员对人们思想的掌控）造成的恐惧和束缚。人们需要在一场去神秘化的运动中清除这些阻碍。前基督教古典世界的异教哲学家（如卢克莱修），以及自然科学的经验主义方法和历史研究的原则可以被纳入这样一场运动中。（吉本以这样一句著名的话来总结他的杰作《罗马帝国衰亡史》："我描绘了野蛮和宗教的胜利。"）

这在当时是一个普遍主题，哲人们都会论及。从风趣、讽刺到斥责，伏尔泰精通各种形式的辩论。他针对基督教的妄自尊大发起了长达50年的抨击，无人能出其右。"每个理智的人，"他写道，"每个值得尊敬的人，都必须憎恶基督教。"[2] 狄德罗在1762年的一封信中承认伏尔泰在反谬误斗

---

1 Gay, *op. cit.*, v. I, pp. 269–279.
2 Voltaire, *Examen important de Milord Bolingbroke*, in *Oeuvres complètes*, ed. Louis Moland, v. XXVI, p. 198.

图 2.5
伏尔泰《有四十埃居的人》中的版画。神父对那个绝望求助的人说:"孩子,我们自己也需要施舍,不施舍别人。"

争中的杰出地位,深情地尊称他为"崇高、可敬、亲爱的'敌基督'"。[1] 在其人生最后 16 年里,他的攻击比早年更尖锐。"希望正在聆听我讲话的伟大上帝,"他在 1762 年出版的著作中宣称,"这位肯定不可能是贞女所生、不可能死在了绞刑架上、不可能被当作面包吃掉、不可能启发了这些充满矛盾、疯癫和恐怖的书卷[指《旧约》]的上帝,希望这位创造了全宇宙的上帝怜悯这些亵渎他的基督教徒。"[2]

1744 年,伏尔泰出版《哲学辞典》,其中专门讨论宗教问题的篇幅超过一半。日内瓦和尼德兰的新教政府、法兰西的天主教政府以及罗马教廷都焚烧了这本书,而且(如伏尔泰所言)想要把作者也烧掉。

---

[1] Diderot, (25 September 1762), *Correspondance*, ed. George Roth, v. IV, p. 178.
[2] 伏尔泰的 *Sermon des cinquante* 发表于 1762 年,但是 10 年前在普鲁士官廷所写。参见 *Oeuvres complètes*, v. XXIV, pp. 354–355。

然而，伏尔泰和其他哲人争论的目标并不是支持迫害基督教徒，而是阻止基督教徒迫害其他人。伏尔泰人生中最著名的一段经历是他独自努力为胡格诺派教徒让·卡拉斯平反；让·卡拉斯被冤枉为阻止儿子改信天主教而杀害他，因此受到虐待，遭受轮刑，最后在1762年被绞死。伏尔泰最热情呼吁的宽容，是基督教徒对异教徒的宽容。尽管哲人当中肯定有无神论者，如霍尔巴赫男爵，也肯定有持怀疑态度的不可知论者，如休谟，但伏尔泰终身相信最高存在，相信造物主。他认为，牛顿的发现并未让这种信仰变得不可信，而是变得有必要，牛顿本人——他对寻求宗教真理的执迷甚于寻求科学真理——也会热情地赞同这种信仰。

与启示宗教不同，自然神论代表的是自然，是一种没有神迹、神职等级、仪式、人的堕落、原罪、救世主、天意历史、宗教迫害的宗教。这是一种源于英格兰的折中做法。在英格兰，17世纪的狂热已经燃尽了极端的宗教热情，使得英格兰教会愿意接纳"理性"形式的神圣秩序。自然神论的基础是对所有宗教的宽容。伏尔泰的扎第格（同名哲学故事的主人公）说服了埃及人、印度教教徒、儒家门徒、信奉亚里士多德的希腊人、信仰德鲁伊教的凯尔特人，让他们接受每种信仰都与一个共同的神圣造物主相关，以此终结了他们的神学争论。这也是另一部启蒙运动作品——莱辛（1729—1781）的剧本《智者纳旦》的中心主题：既然自然宗教是普适的，那么它就将全人类约束在一种普适的道德法则中。上帝被视为一种被所有人共享的神圣仁爱的执行人。人不再被视为堕落的被造物，被迫背负着罪孽和悔恨而劳作，反而被认为具有仁爱这种自然道德本能，而上帝作为隐而不见的力量，确保了社会因开明的自利与共同的利益之间的一致性而得以维持。我要再次引用蒲柏《人论》（1733—1734）中的诗句：

> 因此，上帝与自然连接了总框架，
> 令对自己的爱与对社会的爱相同。

图 2.6
伏尔泰的《牛顿哲学原理》(1738)的扉页插图和标题页

4

自然神论从未成为流行的宗教。虽然它在英格兰吸引了不少知识阶层人士,但它未能满足人们的宗教情感。与约翰·卫斯理(1703—1791)和卫斯理宗的广泛感染力相比,自然神论在这方面的失败可见一斑。在信奉新教的德意志,敬虔主义也同样表现出对"一种心灵宗教"的关注。在伦敦、巴黎和阿姆斯特丹等少数城市之外,人民群众仍然遵循传统的宗教教义和实践方式。

但是,启蒙运动的观念极具穿透力,让大多数基督教护教士采取了防备态度,觉得受到这些观念的威胁,而有些人——耶稣会士和不拘泥于教条的英格兰主教——则渴望说明天启的真理与对人类理性的新信仰之间不存在冲突。18世纪60年代耶稣会士被逐出法兰西和西班牙,以及他们在1733年被教皇镇压,主要是因为信奉天主教的政府厌恶教皇的权威，厌恶神职人员干涉政治；但是世俗国家观与政教分离原则是启蒙运动的有力信条，耶稣会士成为哲人的反教权运动的主要目标，这很难说是巧合。

启蒙运动的伟大发现是，无论在宗教、法律和政府领域，还是在社会习俗领域，批判理性都可以被有效地应用于权威、传统和惯例之上。提出问题，要求实证检验，不接受惯例的做法、说法或想法，如今已经成为极其常见的方法论（我们也特别清楚恣意贯彻这种方法论会造成什么伤害），以至于我们很难意识到这样的批判性方法在18世纪被应用于陈旧的制度和观念时给人们带去了多大的新鲜感与震惊。

例如，对狄德罗（1713—1784）而言，在任何话题上挑战固有的正统观念，踏出这第一步是为了打开人们的思路，接纳全新的可能性和激励人心的猜想，而非为了以新的正统观念取代旧的正统观念。这不仅适用于哲学和宗教学说或者性道德中的琐碎惯例，也适用于科学。他在《对解释自然的思考》（1753）中写道："如果一切生物都处于永恒变化的状态之中，如果自然仍然在发挥作用……那么我们的所有自然科学都会像当下使用的语言一样短暂易变。我们所谓的自然历史仅仅是极其不完整的一瞬间的历史。"[1]

尽管狄德罗着迷于观念的游戏，阐释这类假设，但他对事实的准确性也有同样强烈的重视。"事实，无论其类型，"他在《对解释自然的思考》中写道，"是哲学家的真正财富。"[2] 他在著名的《百科全书》中证明了自己的言行一致，将20年里的大部分时间投入编辑此书。尽管最引人关注并导致巴黎高等法院在1759年将《百科全书》封禁的是书中的哲学和宗教条目，但该书最具独创性的特征是狄德罗为科学技术相关内容所留的篇幅，以及他为了让细节准确所花的心血。这点从它的17卷对开正文附带的12卷插图就可以看出。

---

1 Diderot, *Oeuvres philosophiques*, ed. P. Vernière (Paris 1956), pp. 240–241.
2 *Ibid.*, p. 191.

图 2.7 《百科全书》中众多技术插图之一，描绘了肥皂的生产过程

狄德罗或伏尔泰这类人物在智识方面取得的光辉成就，不应该让我们低估他们的努力付出给旧制度欧洲带来的实际成效。言论自由的扩大只是其中之一，此外还有孟德斯鸠主张被告享有的权利，莱辛呼吁对犹太人宽容，贝卡里亚和边沁努力让残暴的刑法典变得更人道，卢梭为孩童的权利辩护，伏尔泰尽力为司法不公受害者平反，孟德斯鸠、狄德罗、伏尔泰和卢梭谴责奴隶制，以及苏格兰经济学家米勒和亚当·斯密证明奴隶劳动在经济上是最昂贵和浪费的。这些努力是一系列理性人道主义变革的开端，而这一系列变革——尽管人们对其结果心怀悲观——是19世纪与20世纪伟大成就的一部分。

哲人对批判理性的使用如此有效，是因为他们将它与一种同样新出现的自信联合起来。这种自信是：人们如果从恐惧和迷信（包括启示宗教对虚假偶像的迷信）中解放出来，就会在自己身上发现改造人类生活境况

图 2.8
伏尔泰的《老实人》（1787年版）中的版画，图中文字是："那就是你在欧洲吃糖的代价。"

C'est à ce prix que vous mangez du sucre en Europe.

Candide Chapitre 19.

的力量。"人，"培根曾经宣称，"是命运的缔造者。"——这又是一个文艺复兴主题的再生。思想自由和言论自由是进步的条件，人类的创造力和才智是关键，科学经验主义则是最强大的推动力。哲人的这些希望也伴随着疑虑，尤其是对进步代价的疑虑，但他们相信进步即使不是确定的，也是可能的，而这种可能性存在于人自己的手中，不存在于难以捉摸的神圣恩典，也不存在于变化无常的命运之手。古代提倡顺从，基督教宣扬救赎，哲人所教导的却是解放。他们追求人的道德自律，让人要敢于依靠自己——康德曾提议将贺拉斯的一句话用作启蒙运动的箴言："要敢于认识：开始！"

哲人对科学的信心被证实是正确的——各行各业在18世纪都取得了进展，一系列技术发明接连出现，其中最为重要的是詹姆斯·瓦特

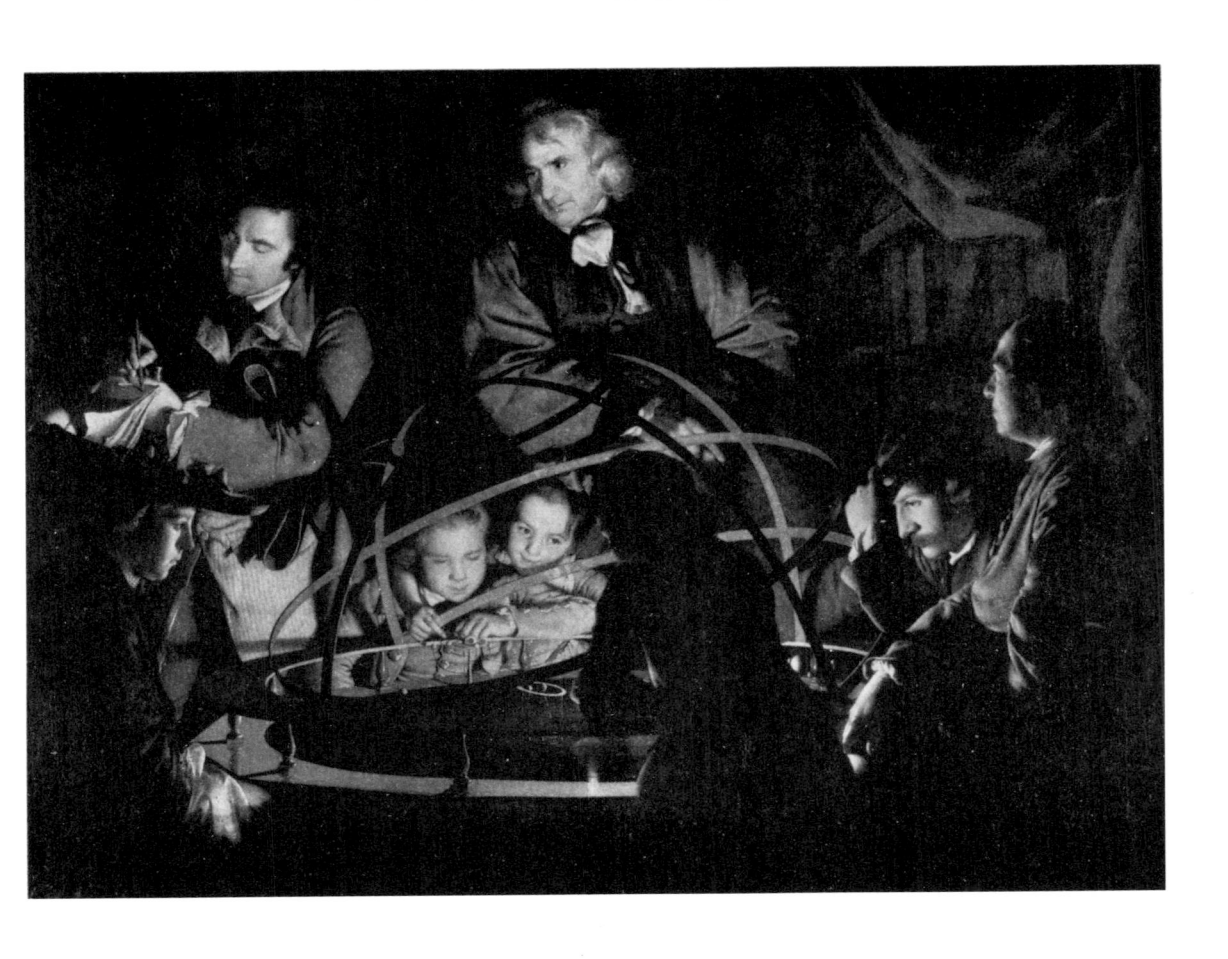

（1736—1819）发明的蒸汽机，它为19世纪的工业革命奠定了基础。除了比较纯粹的数学研究之外，科学思想和实验还未专业化到普通受教育阶层无法从事的地步。这是一个属于业余科学家与收藏者的时代。伏尔泰有自己的实验室；发现氧气的约瑟夫·普利斯特里（1733—1804）是一位唯一神教派的牧师；一些科学协会[1]以及激增的科学期刊，让所有受过人文教育的人能够跟上最新的科学发现。两种文化的分裂还未发生。这点从启蒙运动圣经《百科全书》中用于科学和工业的篇幅大小，以及用于思想的篇幅大小就能看出；布封在1749年出版的《自然史》是那个世纪最畅销的书籍，也能说明这点。

图 2.9
科学发现给人带来的惊异。这是约瑟夫·赖特的画作《哲学家关于太阳系仪的演讲》（1766）。图中是太阳系的机械模型，仪器中间发光的地方代表太阳

---

[1] 两个著名的例子是：詹姆斯·瓦特、马修·博尔顿、约瑟夫·普利斯特里参加的伯明翰月光社，以及本杰明·富兰克林1743年在费城创立的美国哲学会。

5

牛顿在 17 世纪为研究自然的学科做出了贡献，18 世纪的哲人则渴望像他那样，为研究人和社会的学科做出同样的贡献。在他们那些成为人文主义传统一部分的观念中，对这种规划的构想本身就是最勇敢和最具影响力的，并且此后一直在激励、吸引和打击一代接一代的人们。启蒙运动在各个方面的一系列成功预言了未来会发生什么。

最显著的成就是经济学的奠基，这要归功于杜尔哥（1727—1781）和法兰西的重农主义者，尤其要归功于苏格兰的亚当·斯密（1723—1790）。他们利用批判理性，削弱了历来的重商主义正统观念。这不仅导向了当时的经济改革，改革的基础是哲人对自由的信念，它们被应用于贸易和创业领域；而且亚当·斯密还在《国富论》中分析了价格、资本和劳动力，以及供需规律，为 19 世纪贸易和工业的大幅扩张提供了思想基础，也为后来工业社会所有经济学家的工作提供了基础模型。

《国富论》可以被视为经济学的起点，而比它早 28 年出版的孟德斯鸠（1689—1755）的《论法的精神》（1748），则可以被视为现代社会学的起点。在其论述罗马盛衰原因的著作（1734）中，孟德斯鸠已经宣称："世界不由命运掌控，罗马人的历史证明了这点……有一些道德或物理方面的普遍原因起到了作用……简而言之，主导性的趋势中充满了各种具体的事件。"[1] 在其杰作《论法的精神》中，他对共同创造了社会"普遍精神"的"气候、宗教、法律、政府准则、历史事例、习惯、礼仪"进行对比研究，尝试以此证明他的观点。他寻找在社会生活中起作用的客观力量，如气候和地理的影响，尝试以普遍原因和规律的形式来理解它们。

---

1 Montesquieu, *Considérations sur les causes de la grandeur et de la décadence des Romains* (1734), *Oeuvres complètes*, Nagel ed., 3 vols, v. I (Paris 1950), p. 482. 罗伯特·沙克尔顿已经指出，孟德斯鸠在写此处所引文字时，灵感直接来自维柯的友人、鲜为人知的那不勒斯哲学家保罗·马蒂亚·多利亚所作《公民生活》中的一个段落。参见 Robert Shackleton, *Montesquieu* (Oxford 1961), p. 168。

这指向的是一种决定论的社会观，但是孟德斯鸠很清楚人类经验的复杂和多变，不会尝试简单地阐释人和社会的本性，不会将必然性之网收得太紧，也不会像马克思后来做的那样，挑出任何特定的因素，认为它控制着全局。此外，在他论及政治体系时，自由这个道德要件否决了社会学上的决定论和历史相对主义。无论专制有多么适应一个民族的自然环境和历史传统，孟德斯鸠都反对它，认为它在道德上不可接受，即使这让他陷入逻辑不一致的境地。他接着对英国的政制做出了著名的分析，认为其基础是分权。这种分析将对美国的政制构成重大影响，在230多年后仍然有现实意义。

哲人对人性的心理学和道德分析，不如他们对社会的分析那样成功。但他们没有在其他任何话题上着墨更多，也没有觉得其他任何话题更重要。"人的科学，"大卫·休谟写道，"是其他科学的唯一基础。"[1] 孔狄亚克写道："我们绝不应该忽视的首要对象是对人类心灵的研究，研究宗旨不是发现它的性质，而是理解它的运作。"[2] 休谟认同这种观点，否认任何想要解释"人性原初特征"的意图。他们的这种事业应当是经验性的，以观察为基础，避免形而上学的推测，约束"找寻起因的无节制欲望"。[3] 他们的目标很明确，结果却没有那么清楚，没有取得一致意见，也没有产生坚定信念。有趣之处在于他们详细讨论的那一系列学说（狄德罗的唯物主义、霍尔巴赫的决定论、亚当·斯密的先天道德感理论、休谟的怀疑论、孔多塞对进步的信心、爱尔维修的功利原则），以及那些学说遭受的反对——反对意见通常就是同一作者提出来探讨的。

在启示宗教提供的权威被视为虚幻（哲人们至少在这点上意见一致）进而被抛弃后，良善与邪恶之间、正义与不公之间的区分，以及他们如

---

[1] *Hume's Treatise*, ed. L. A. Selby-Bigge (Oxford 1888), p. xx.

[2] Condillac, *Essai sur l'origine des connaissances humaines*, in *Oeuvres philosophiques*, ed. Georges Le Roy, 3 vols (1947–1951), v. I, p. 4.

[3] *Hume's Treatise*, p. 13.

此重视的道德、社会和审美方面的价值及判断，要以什么为基础？结论是否应该是这样：既然人是自然的一部分，那么他的任何行为都是"自然的"，善恶美丑之分只是主观判断，在这方面人类经常难以达成一致，而且不存在客观的正确性？狄德罗写道，他希望相信"自然的永恒意志是择善弃恶，扬公抑私"，但是他也在其他地方宣称："自然是无误的。每种形态，无论美丑，都有其缘由。在所有生物之中，没有哪一种的现有状态不是应然。"[1]

有些思想家愿意彻底接受这种两难，如无神论者霍尔巴赫（1723—1789）和写作了《人是机器》的医生拉美特利（1709—1751）。狄德罗等人则既不能否定，也不能解决这一难题。自称找到了解决方案的是大卫·休谟（1711—1776）。

休谟是哲学史上最具吸引力的人物之一，深受友人敬爱。他的身上结合了仁慈的心肠与那个世纪最为敏锐、最具怀疑精神的头脑。那种在存在主义者和其他现代哲学家看来与怀疑相联系的"焦虑"，却丝毫不见踪影。让同代人惊讶的是休谟对基督教的拒绝。在《自然宗教对话录》中，他似乎将这种拒绝扩展至自然神论和天意论。吸引了 20 世纪逻辑实证主义者和经验主义者的，是他拒绝接受形而上学，并且将知识（除了纯逻辑和数学这两种形式真理）局限于能够通过观察和实验确证的事实。休谟在 1749 年出版《人类理解研究》，这本书结尾处的一段话很有名。艾耶尔在其论述休谟的著作结尾，以赞同的态度引用了这段话：

> 我们相信了这些原则，那么在藏书室里翻阅时必须搞什么破坏呢？我们拿起一本书，例如一本关于神学或经院形而上学的书，然后问：其中有关于数和量的抽象推理吗？没有。其中有关于事实和存在的实验推理吗？没有。那么就将它付之一炬，因为它的内容只有

---

[1] 转引自 Norman Hampson, *The Enlightenment* (Harmondsworth 1968), pp. 122–123。

诡辩和假象。¹

休谟本人似乎十分重视他自己在道德方面的写作。他强调"道德规则不是我们理性的结论",但这反映的是他认为理性的作用有限,而非他不关注道德。我们通常把18世纪等同于理性时代,这具有误导性。在我们这个语境中,说17世纪是理性时代更恰当。笛卡尔早于休谟一个世纪写道:"没有人会如此软弱,以至于在拥有良好指引的情况下也无法绝对掌控自己的激情。"² 不同于笛卡尔,休谟将理性这个词的应用局限于做出推断("观念的关系")和鉴别真假("事实问题");它与道德评判关注的行动、价值、动机和感受不相关。³ 因此,他才会说出那句与笛卡尔观念截然相反的著名格言:"理性是也应该只是激情的奴隶,不能妄称它有其他任何功能,它只能服务和服从于激情。"⁴ 狄德罗等哲学家或许会同意这种说法,不过他们的表达或许不会像年轻的休谟这样浮夸。"人们认为,"狄德罗宣称,"自己如果稍稍为理性的对手说话,就会对理性造成伤害。但是,只有激情,只有伟大的激情,才能将灵魂提升到伟大事物的境界。"⁵

但是,这样一来道德约束与道德对错要以什么为基础?因为休谟肯定不是说人类应该屈从于激情。他怀疑的不是道德和正义,而是关于它们的混乱理论。

他在情感而非知识中找到了他所寻找的基础。他认可人的本能目标是增加愉悦或幸福,避免疼痛或苦楚,他说这不局限于他自己,同情他人、

1　A. J. Ayer, *Hume*, (Oxford 1980), p. 96.
2　Descartes, *Les passions de l'âme*, 1649, Art. 50 (ed. G. Rodis Lewis, Paris 1955).
3　Hume, *An Enquiry Concerning Human Understanding*, p. 25 of L. A. Selby-Bigge (ed.), *Enquiries Concerning Human Understanding and Concerning the Principles of Morals*, by David Hume, 3rd. ed. rev. by P. H. Nidditch (Oxford 1975).
4　*Hume's Treatise*, p. 415.
5　Diderot, *Pensées philosophiques*, in *Oeuvres complètes*, ed. J. Assézat and M. Tourneux, 20 vols (1875-77), v. I, p. 127.

关心他人的幸福就像自爱一样是人类的自然本能。这便是位于所有社交生活和个人幸福根基之处的人类本性的特征。他写道，尽管"很难遇到爱他人胜过爱自己的人"，但同样"很难遇到各种情感加起来都压不过自私之心的人"。[1]

我们对自己及他人动机和行为的赞同或谴责，我们对它们是否会导致愉悦或痛苦的评估，就源自这些自然的情感，而非源自理性或启示。

关于这种论断是否能满足哲学标准，休谟并不感到烦恼；他在对我们所谓的因果联系，也就是必然联系做出那种著名的解释时，同样不感到烦恼。"在一个事件发生时，"他写道，"人的头脑习惯性地期待发生惯常的伴随事件。"正是在"我们头脑中感受到的这种联系，这种从一个事物到其惯常伴随物的习惯性想象力过渡"之中，他发现了"那种让我们形成力量观念或必然联系的情绪或印象"。[2]我们能用作依据的就只有过去对于自然中规律性的经验。"我们与事实相关的所有推理，都只是源自习惯；这种信念更应该是我们本性中感性部分——而非理性部分——的活动。"[3]我们可以看出，让休谟成名的怀疑论既针对宗教，也同样针对抽象理性化哲学体系的虚饰和限制——这是一种可追溯至苏格拉底的人文主义传统。

休谟所表达的是，归根结底，在哲学、宗教、道德、科学、艺术中，任何信念或价值观的源头都是人类经验，再多的文字游戏也不会让它拥有独立于人类经验的权威性。能够让它获得根据的，就是被许多人认可。

还有一种办法能够为一个价值体系提供基础，那就是将其建构在功利原则之上。苏格兰哲学家弗朗西斯·哈奇森（1694—1746）认为功利原则就是"最大多数人的最大幸福"。

这种观点在18世纪下半叶广为哲人接受。尽管休谟没有将"最大多数人的最大幸福"作为道德赞同的必要特征，但他认为，作为政府、法

---

1 *Hume's Treatise*, p. 487.

2　Hume, *Enquiry*, p. 75.

3 *Hume's Treatise*, p. 183.

律和政治的基础，功利原则比虚构的社会契约更好。在接下来的一代人中，杰里米·边沁（1748—1832）在其《道德与立法原理导论》（出版于法国大革命爆发的1789年）中提出，检验所有法律和制度的试金石，就是看它们是否能让最大多数人的幸福最大化。他后来使这种理念成为他和哲学激进主义者在19世纪上半叶努力倡导的法律、政治和经济改革背后的推动力。

很容易就可以指出边沁对人类心理的看法的粗糙之处，更不用说他所谓的"幸福计算"——他自称这是哈奇森"道德算术"的量化版。关于这点，约翰·斯图亚特·穆勒在其出版于1861年的经典论著《功利主义》中给出了最有力的说明。但是，事实上功利主义的论证已成为我们支持制度或政策改革的自然方式，以至于我们确实很容易忽视18世纪的启蒙运动——尤其是边沁——在首次提出它们时所做的贡献有多么新颖和重大。

6

那种情况不可能发生在让-雅克·卢梭（1712—1778）身上，他至今仍像当时那样是一位有争议的人物。他为启蒙运动和18世纪思想史带来了意外的新转折。我们在考察人文主义传统时，尤其要关注这种转折，因为正如彼得·盖伊所说："撇开偶尔的偏离［此处盖伊是在强调卢梭的多才多艺[1]］，卢梭所做的工作可归类到公民教育，即'paideia'的标签底下。"

我已经说明，将启蒙运动与那种针对18世纪的误导性描述"理性时代"等同起来是一个错误。卢梭说人可以从情绪、从感情和内心学到经验

---

[1] 例如，卢梭曾是一位受欢迎的作曲家，他关于音乐的作品广为人知，《百科全书》中音乐相关的条目都是他写的。参见 Gay, *op. cit.*, v. Ⅱ, pp. 534–535。

图 2.10
当时描绘伏尔泰和卢梭论战的画作

的教训,学到无法通过理性程序确证的真理,这些真理为人提供了唯一可靠的行动指导。这种说法丝毫不会让休谟或狄德罗感到讶异或震惊。在18世纪中叶之后的启蒙运动第二阶段中,卢梭的作品激发了一场情感的复兴以及对感性的狂热崇拜,这场狂热崇拜与批判理性信念之间的关系很复杂和令人费解,但是它符合而非违背启蒙运动的另一条信念,即对自由的信念。

卢梭是这场狂热崇拜的倡导者,他是那种在社会中找不到地位的不合群知识分子的原型,是一个难以相处和被接受的人。他崇拜友谊,却没有长久的朋友。他有一种自我展示和解释的冲动,因此以这种极富个性的方式写下了《忏悔录》的开头:"我感受得到自己的内心,我也了解人类。我生来便不同于我所见到的任何人。我敢相信自己与世上所有人都不同。"[1]

---

1 Rousseau, *Oeuvres complètes*, Pléiade edition, ed. by B. Gagnebin, M. Raymond et. al., 4 vols (Paris 1959), v. I, p. 7.

他长期疏远于其他哲人。他曾经与狄德罗、伏尔泰、休谟交好，但最终都以相互憎恨和公开指责的方式断交。但是，正如彼得·盖伊所言，卢梭始终是哲人大家庭的一分子，尽管他和这个大家庭互不接纳。

部分问题在于他那种才华横溢又模棱两可的危险风格。休谟指出，他的作品"充满了浮华之词"，充满了考虑欠周的评论，充满了还未想通的新观念，因而能够让人有截然不同的理解。但是，它们在发展过程中有一种深层次的连贯和秩序，这是他的影响力持续不断的原因。

卢梭获得灵感的时刻早在1749年就来临，当时他遇到第戎学院征文，题目是《科学和艺术的重新确立会净化还是腐坏社会道德？》在后来出版的《忏悔录》中，卢梭以其典型的夸张风格写道："读到这些文字时，我看到了一个新的宇宙，成了一个新的人。"[1] 他对这个题目的答案很确定："艺术和科学朝完美状态进步了多少，我们的灵魂就腐坏了多少。"[2] 给文明带来腐坏和道德衰退的，就是文明本身：埃及、希腊、罗马、拜占庭全都是这种模式。

这种争论的第二阶段开始于1755年的《论人类不平等的起源与基础》，卢梭在书中宣称不平等是人被社会腐蚀的标志。

> 谁最先把一块土地圈起来，想到说"这属于我"，并且找到一些单纯得愿意相信他的说法的人，谁就是公民社会的真正创建者。假如有人拔掉木桩或填平沟渠，然后大声告诉同胞"别信这个骗子的话；要是忘记大地的果实属于大家，忘记那块土地本身不属于任何人，你们就会遭殃"，那么人类能够避免多少罪行、战争、杀害、痛苦和恐惧啊！[3]

1　*Ibid.*, p. 351.

2　Rousseau, *Dialogue troisième, Rousseau juge de Jean-Jacques, ibid.*, p. 936.

3　Rousseau, *Oeuvres* (Paris 1964), v. III, p. 164.

图 2.11
儿童教育改革者卢梭的纪念碑

在《论人类不平等的起源与基础》中，卢梭描绘的原始人既不善，也不恶，而是迟钝的，仅在一个方面优于其他动物，那就是追求完善的能力。然而，他无法利用这种能力；他或许是幸福和无罪的，但是他只有在从自然状态进入文明状态后，才能意识到自己的潜力。卢梭强调，"人性不会走回头路"，人根本不会想要"让世界陷入最初的野蛮状态……人始终坚持保留现有的制度，认为摧毁它们只会导致无法补救的结果，恶习被留下，掠夺取代腐坏"。[1] 人们需要做的不是抛弃文明，回归自然，而是打开眼界，看到他们所处的虚假和腐坏社会的真实状况（可以看看卢梭在 1756 年逃离的 18 世纪巴黎的状况），这让他们相信需要进行根本性的变革。

那么，我们能做什么呢？卢梭在 1761 年和 1762 年出版的三本书中回答了这个问题。第一本是关于情感的小说《新爱洛伊丝》。它深深浸透了时代情绪，1761 年至 1790 年之间仅在法兰西就出了 70 个版本。第二本是《爱弥儿》，可以说它是所有现代教育理论的起源。第三本是《社会

---

1 卢梭谈论自己，参见 *Dialogue Troisième, Oeuvres*, v. I, pp. 934–935。

契约论》。

人的生活必须顺应自然，这是一种古老的斯多葛派训令。卢梭的原创性不仅在于重新阐释这种训令，还在于将它与人可以通过教育得以发展的理念联系起来。卢梭受洛克影响，认为儿童不是不完善的成年人，而是一个完整的人，有自己的能力和局限。要激励儿童学习，并以此促进他们成长，最重要的不是通过死记硬背、鹦鹉学舌般地重复他们不理解的知识，而是通过想象力、好奇心，以及对各项身体能力的锻炼。"人的所有天赋中，"他宣称，"理性是最后才得以发展的。"像传统教育那样一开始就教理性，是"本末倒置"。[1] 童年是"理性的睡眠时期"，此时人的感官很敏锐，可以通过观察来学习——不应该教"词句，词句，更多的词句"，而应该教"事物，事物"。[2] 如果激励儿童本能地学习，那么他们到了学习阅读和思考时，就会兴趣浓厚，不会感到困难。我们看清了渐进式教育的某些荒唐之处，但不应因此无视卢梭提倡的儿童解放所发挥的革命性的、有益的影响。

道德来源于何处？对于这个问题，卢梭的回答是：道德的来源不是理性，不是公私利益的同一，也不是功利原则，而是"内心的声音"，也就是每个人天生具有的正义感和道德感，这种内心的声音在农民和知识分子的心里一样清晰。这种内心的声音、良心的声音，它在道德上是独立的，不依赖启示宗教、教育或任何外部权威。卢梭的这些观点仍然属于启蒙运动。他关心的不是为了解放情感而解放情感，这样做是自我放纵。无论他有什么个人缺点（他对于这些缺点十分坦然），他都自视为一位关注道德行动的道德卫士。他相信情感为道德行动提供了唯一可靠的指导。他写道，他所有作品阐述的都是"一条重要的原则，即自然让人幸福和良善，但社会让人堕落和痛苦"。[3] 这种认为自然让人性本善的异端观念，将他与

---

1 Rousseau, *Emile ou de l'éducation*, edition Garnier Frères (Paris 1964), p. 76.

2 *Ibid.*, pp. 103–104.

3 *Dialogue Troisième, Oeuvres*, v. I, pp. 934–935.

那些相信原罪的人彻底区分开来。

卢梭在他最著名的作品《社会契约论》中进一步尝试寻找办法来摒弃那种让人堕落的社会，代之以一个这样的社会：人在其中可以不丢失人性并继续享受自由，同时又遵守任何社会运作都必须遵从的法律。

要怎么才能实现这种不可能实现的理想呢？卢梭列出了两个条件。首先是，主权必须源于人民，源于全体人民，人民的主权必须不可剥夺，人民也不得将它放弃，而是必须继续亲自行使它。其次是，人民在充当立法者时，必须设法表达公意——当人们怀着道德责任感去行动，并且考虑公共利益而非私人利益时，公意就会浮现。

至于如何寻找和识别公意，卢梭仍然还有许多没说清楚。他说公意一旦成为法律，所有人就都必须遵守，不得有异议，拒绝遵守的人可以"被强制变得自由"，对于这种观点，人们也有许多怀疑。卢梭是否预见了他的这种观点会在法国大革命中为暴政打开大门？他提出社会契约论，本意是针对法兰西这样的大国家，还是只针对他的家乡日内瓦、斯巴达或早期罗马共和国这样的小国家？然而，尽管有这些含糊或矛盾，卢梭也仍然是第一个阐述了人民主权基本原则的人。其他哲人考虑的是开明君主制，不相信民主。卢梭与他们不同，这才是对未来很重要的事情。这也并不与卢梭的人性观相矛盾；按照他的人性观，道德行动的来源不是受教育者的才智，而是农民、工匠和官员都同样拥有的未经教化的良心。

7

在艺术方面，启蒙运动与巴洛克时代的最后阶段重合。巴洛克风格曾经具有极高的影响力，但在18世纪上半叶式微，转变为纤巧迷人的洛可可风格（音乐领域除外）。但是，让-安东尼·华多（1684—1721）和让·奥诺雷·弗拉戈纳尔（1732—1806）的世界对哲人而言毫无吸引力，

图 2.12
莫扎特（1756—1791）。在 20 世纪的许多人看来，莫扎特、海顿、贝多芬、舒伯特等古典时期（1770—1830）大师的音乐完美地体现了人文主义精神

他们对洛可可风格不屑一顾，视其为廷臣的艺术，矫揉造作，不负责任，而且不道德。

独特的是，他们通过批判性地讨论不同的艺术特征和传统的鉴赏标准，表达了他们对艺术的关注。"美学"这个词最先被亚历山大·戈特利布·鲍姆嘉通使用，他在 18 世纪 50 年代出版一本著作时将这个词用作标题。18 世纪的辩论构成了艺术批评与文学批评的现代历史的开篇。在这场辩论中，狄德罗、伏尔泰、莱辛、孟德斯鸠、休谟之类熟悉和致力于研究古典作品的人们，首次对那些继承自古典传统的设想提出了质疑。

艺术必须发挥道德说教的作用，还是说它的主要功能是提供愉悦？适合绘画的题材是否有高低之分，让历史或神话题材高于人物肖像，典型人物高于个性化人物？吸引了贺加斯、夏尔丹以及他们之前的尼德兰画家的日常生活场景，是否应该被视为配不上艺术，进而被排除在外？除了模仿自然，"源自生活"之外，艺术中的真实性是否还有其他的基础？或者说，成功的艺术家——无论是拉斐尔那样的画家、莎士比亚那样的戏剧家，还是加里克那样的演员——利用其基于经验的想象力创造出来的作品，是否因为它们比自然本身更浓缩，进而"更真实"、更自然？

图 2.13
夏尔丹（1699—1779）
的《家庭女教师》

绘画和诗歌到底是姐妹艺术，就像贺拉斯的老套说法"诗如画"，还是像莱辛在《拉奥孔》（1766）和狄德罗在《沙龙随笔》（1767）中所说，绘画和诗歌之间存在根本的区别，无视这种区别会对二者造成巨大伤害？美是不是一种客观品质，依赖一种音乐和数学上的比例理论？不仅柏拉图和毕达哥拉斯，还有阿尔伯蒂、达·芬奇和丢勒，全都相信这种比例理论，认为美由艺术家发现，而非创造。或者是否像伏尔泰和孟德斯鸠所认为的那样，美仅仅存在于观察者的大脑和眼睛中？——即使（如休谟补充的那样）鉴赏的历史实际上经验地而非先验地确证了这样一种共识：

图 2.14
温克尔曼的《古代艺术史》（1764）的标题页

"2000 年前在雅典和罗马受人欣赏的荷马，如今在伦敦和巴黎仍然受人赞赏。气候、政府、宗教和语言的所有变化，都没能掩藏他的荣光。"[1]

除启蒙运动开启的批评辩论外，启蒙运动的精神也在同时代的一种风格中得到展现。尽管 18 世纪下半叶和 19 世纪最初几年的新古典主义比不上文艺复兴艺术大师们的艺术成就，但它忠实地表现了启蒙运动的理想——追寻一个由理性和平等主导的更好的世界，以及卢梭所表达的渴望回归程度更高的质朴和纯粹。欧洲再次想要从古代世界找到模范和灵感，但这次他们对古希腊原型及其古罗马继承者的理解和认识要深刻得多。

温克尔曼（1717—1768）对这点的表达最为明确。他是个贫穷又不幸的家伙，最后因为一点金币被旅途中勾搭上的年轻男人杀害，但是他终生对古希腊人怀有激情，用自己的天才将这种激情转化为出版于 1764 年的杰作《古代艺术史》。温克尔曼的影响深远的成就，在于首次追溯各种

---

[1] David Hume. 'Of the Standard of Taste', *Philosophical Works*, ed. T. H. Green and T. H. Grose, 4 vols (1882), v. III, p. 271.

图 2.15
《帕埃斯图姆遗址》中的版画（1759），画中的建筑是 18 世纪在意大利南部帕埃斯图姆重新发现的古希腊神庙之一

图 2.16
巴黎的圣热纳维耶芙教堂，早期的新古典建筑之一，1759 年由雅克-日梅恩·索弗洛开始设计建造，在法国大革命期间世俗化，后来成为先贤祠，用于纪念法国的伟人

艺术风格的出现、发展和式微，将它们与所处的社会和文化联系起来，以此开创了艺术史。作为启蒙运动人文主义传统的一部分，这种思考艺术和历史的方法是一种对未来的启示，所以歌德才称温克尔曼为"新哥伦布"。但是，让同代人更印象深刻的是他宣称希腊人让美永存不朽，希腊人留下了后代只能模仿而无法超越的遗产。

《古代艺术史》的出版恰逢其时。它契合并强化了一场已经出现的对古代世界的兴趣复兴，这场复兴对 18 世纪人们的喜好以及各门艺术有巨大的影响。这场复兴的强力刺激因素是一些考古发现，如庞贝、赫库兰尼姆和帕埃斯图姆古城的发掘，以及罗马提图斯浴场和蒂沃利的哈德良离宫的发掘；还有雷维特和"雅典人"斯图尔特那本插图丰富的《雅典古迹》，以及皮拉内西（1720—1778）所创作的罗马遗迹版画。罗伯特·亚当和詹姆斯·怀亚特的室内装饰风格，以及斐拉克曼在伊特鲁里亚瓷厂为威治伍德陶瓷品牌所做的设计，都反映出了这种古典复兴。这种复兴还扩展至其他方面：在文学上崇拜荷马，崇拜埃斯库罗斯（约公元前525—前456，其作品在18世纪70年代首次得到翻译）、品达和虚构的莪相等古代诗人；在政治上崇拜罗马共和国，这种崇拜通过雅克-路易·大卫（1748—1825）的艺术，为法国大革命提供了一种古典背景。

这场古典复兴在建筑艺术上留下了最为持久的印记。神父洛吉耶在出版于1753年的重要作品《论建筑》中总结了这种对洛可可风格的回应："保持简单与自然。"从苏夫洛设计的巴黎先贤祠（建于1755至1792年间）开始，新古典主义创造了一种国际性的公共建筑风格，远远超过了单纯的模仿，而且从巴黎和伦敦向东传播到圣彼得堡，向西传播至华盛顿和弗吉尼亚。佩夫斯纳说它在形式上表达了"19世纪早期受教育阶层的自由人文主义，表达了歌德的精神，也就是那种创造了我们的首批博物馆和艺术画廊、我们的首批国家剧院，还使教育得以重组和扩大的精神"。[1]

8

然而，不能把新古典主义视为巴洛克风格甚至洛可可风格的接替物。从文艺复兴早期到巴洛克时代晚期的这一系列风格，在时间和地理变化上有许多重叠，是欧洲艺术最重要的传统，但是到18世纪下半叶，这一系列风格走到了终点。后来没有哪种风格能够比得上它们的广泛性和权威性。约书亚·雷诺兹（1723—1792）爵士在皇家艺术研究院演说[2]时对它们加以赞扬（这是它们最后一次得到赞扬），但是他不安地意识到，自己正在维护的这种传统不再被人视为理所当然——在宗教和哲学中也是

1　Nikolaus Pevsner, *An Outline of European Architecture*, Jubilee edition (London 1960), pp. 624–625.

2　演讲时间是1769年至1790年。参见 Sir Joshua Reynolds, *Discourses on Art*, ed. Robert R. Wark, 2nd edn. (New Haven 1975)。

如此。

早在18世纪70年代，尤其是在德意志，一场新的反叛运动就在聚集力量。狂飙突进运动针对的是启蒙运动的理性主义，运动中的年轻人谴责理性主义，认为它罪在将情感自发性、个人性以及天才的灵感置于一种生硬古典主义的理性化规则和不自然的品味之下。这些浪漫主义先驱将启蒙运动与法兰西文化霸权等同起来，所以在愤怒之余，他们还憎恨启蒙运动让他们的祖国变得地位低下。但是，这种新思潮不局限于德意志；由青年歌德所写、以主人公自杀为结局的小说《少年维特的烦恼》（1774），作为这种新思潮的代表，席卷了整个欧洲的受教育阶层。

然而，浪漫主义虽然不同于以前艺术和文学领域中的任何风格，却并非一种统一的风格。相反，它的多元性是浪漫主义艺术家和作家最为赞赏的特质，他们视这种多元性为个性的表达，而且多元性还让浪漫主义难以被定义。波德莱尔比较了浪漫主义和以前的风格，极为精确地指出："浪漫主义根本不在于题材选择，也不在于完全真实，它是一种感受方式。"

分类贴标签的启发式手法必不可少，但是在18世纪晚期那样的时代，传统的区分变得模糊，思想和艺术都在不断变化，这种手法就会比通常更容易使我们落入陷阱。狄德罗对这种情况的反应很敏锐，愿意牺牲自己的一致性，接纳新的、通常对立的思路，这正是他最伟大的天赋。

我举两个例子来说明。第一个例子是新古典主义。初看上去，新古典主义似乎与浪漫主义截然不同，但是这场古典复兴中某些最具特征的元素也可以说是浪漫主义的，如对质朴和简单的关注、绘画中对情绪的利用、温克尔曼书写古希腊时所用的那种欣喜若狂的语言、皮拉内西对罗马遗址规模的夸大，以及对宏伟之物的赞赏。济慈、雪莱、荷尔德林这些无疑属于浪漫派的诗人继承了对古希腊的崇拜，而且在19世纪，即使是在建筑领域，希腊复兴也像哥特复兴以及对中世纪的热情那样，成为浪漫主义运动的一部分。它们都能被容纳在"浪漫主义"这个词语的含义范围内，这个词语代表了一系列可以让作家或艺术家表达自己"感受方式"的不同乃

图 2.17
约翰·亨利希·菲斯利的画作《古代宏伟遗物面前的绝望艺术家》(1778—1779)

至混合的风格。

第二个例子是卢梭。相较于"心灵的语言"、对简单与自发而非复杂的偏好、对自然的热爱和信任,以及对城市生活的厌恶,还有什么更能体现浪漫主义的"感受方式"?卢梭提倡的这些观念,让他成为浪漫主义早期的中心人物,就像他是启蒙运动早期的中心人物一样。

在追溯人文主义传统的过程中,现在比以往更有必要抛开标签去看具体的思想家和艺术家,并且在有些时候,例如在看卢梭时,要将一个作家思想中属于与不属于人文主义传统的元素区分开来。

浪漫主义有一些元素,如情感的夸大、情绪的过度,以及对理性的拒绝,在我看来与人文主义格格不入,但也有一些新的洞见扩大了人文主义的内涵。这里要举的例子是约翰·戈特弗里德·赫尔德(1744—1803)。他是一位新教牧师兼哲学家,生于东普鲁士,是 18 世纪 70 年代狂飙突进运动中最重要的人物。

和卢梭一样,赫尔德著作颇丰,讨论的话题广泛,观念也有独到之处；他对后来的欧洲思想同样影响深远；他同样难以取悦、敏感多疑、心怀愤恨，而且通常让人难以忍受。此外，他和卢梭一样，也同时与启蒙运动和浪漫主义有关联。他彻底地排斥某些极具启蒙运动特征的观念，但是也接受启蒙运动的其他某些信念，所以即使是在他背离启蒙运动的地方，我们也仍然需要回到启蒙运动的语境中来看。与卢梭相同，他的思想启发了浪漫主义以前的人们，也启发了浪漫主义者，但是也在这个过程中被误解和扭曲。也像卢梭那样，"人文主义者"这个词很难被安到赫尔德身上，但是他的至少两种观念在人文主义传统中扮演了重要角色。

第一种观念在赫尔德讽刺性地将其论著命名为《又一种历史哲学》（1774）之前就已经有所流传，因为它在乔瓦尼·巴蒂斯塔·维柯的《新科学》那里有另一个独立源头。维柯1668年生于那不勒斯，死于赫尔德出生的1744年。然而，如同克尔凯郭尔，维柯的天才要等到20世纪才得到认可。而且按照以赛亚·伯林的说法，似乎没有证据能够表明，赫尔德在自己的历史理论形成后的20年内读过维柯的《新科学》。[1]

现实由普遍的、不受时间影响的法则支配，而理性的科学调查方法可以发现这些法则，启蒙运动的这种普遍观点受到赫尔德反对。相反，他认为，每个历史时期或文明都有独一无二的特征，尝试将它们概括起来描述和分析，会抹掉那些使研究对象拥有其特定身份的重要区别。赫尔德不反对自然科学；和歌德一样，他着迷于自然科学中的发现，而且也深受它们影响。但是他相信，人们从这些发现中得出了错误的结论，而且重要的是，适用于客观自然研究的方法，并不能应用于研究人类生活和意识这两种与自然科学迥异的现象。

就像维柯那样，赫尔德相信，研究人类现象的正确方法是通过历史科学来研究，包括对语言、法律、文学、宗教信仰、神话、符号和制度的

---

[1] Sir Isaiah Berlin, *Vico and Herder* (London 1976), p. 147. 赫尔德本人的 *Ideen zur Philosophic der Geschichte der Menschheit* (1784—1791) (abridged transl. ed. by Frank E. Manuel, *Reflections on the Philosophy of the History of Mankind*, Chicago 1968) 并未写完。

研究，而历史科学的正确对象是社会群体以及他们的文化（人类学意义上的）。每个民族、时期、文化、社会都有其独特的品质。并不存在一种普遍的、恒定的人性，也不存在一种适用于所有人的普遍理想。理想是多种多样的，每种理想都是人类精神的特定表现形式，我们无法评判它们的价值孰高孰低。尝试通过分析、归类和概括来解释它们，我们就会被科学方法的成功蒙蔽，无法注意到人类活动属于一个迥然不同的范畴，属于另一种知识领域。这个知识领域不同于自然现象的领域，人类可以从它的内部来理解它，因为它本就包含人类的参与和创造。研究者需要的是一种经由想象实现的同情，能够在"解释"或更好地"理解"某个人类群体或社会的活动时，置身于他们的处境之中——赫尔德证明了他在这方面天赋极其之高。

赫尔德的这种观念开辟了一条思想线路，将历史（维柯和赫尔德那种宽泛意义上的历史）等同于人文研究，而将科学等同于自然研究。在后来的狄尔泰、恩斯特·卡西尔、克罗齐和科林伍德那里，这种思想线路得到发展壮大。

从这种观念看来，人类生活在不同的民族之中，没有哪个民族天生更高级或低级，每个民族都有其特别和鲜明的品质。赫尔德将这种观念用于当前，也用于过去。他就像维柯那样，认为语言是每个民族的认同和团结的主要载体。"一个民族能有什么东西比祖辈的语言更珍贵？语言中栖息着这个民族的全部传统、历史、宗教和生存原则，栖息着它的全部内心与灵魂。"[1] 后来，一种不宽容的激进民族主义贬低了民族这个概念的价值，但是赫尔德最初的观念中丝毫没有这种民族主义。他认为，创造民族的不是国家，而是自然。如以赛亚·伯林爵士所言："一个社会碾压另一个社会，征服者的皮靴将地方文化踩踏至灭绝，赫尔德对这种帝国主义的斥责是最具说服力的。"[2] 人文主义传统中的民族主义，是马志尼（1805—

---

[1] 转引自 Berlin, *op. cit.*, p. 165。

[2] *Ibid.*, p. 158.

1872）——他的"青年意大利党"将与所有"青年"的民族和谐、同情地共存——那种心胸开阔的民族主义，是19世纪自由党人对民族性的那种热情。希腊人、波兰人、意大利人、斯拉夫人，这些"民族正当地争取自由"（格莱斯顿的说法）的事业，后来将扩展到印第安人和其他被殖民的民族之中。

9

伊曼努尔·康德（1724—1804）是启蒙运动中最后和最伟大的一位思想家。他也像赫尔德那样来自支持新教的北方，来自濒临波罗的海的东普鲁士，并且从未离开过家乡柯尼斯堡。康德的秉性与卢梭截然不同，但他认为卢梭，而非洛克或休谟，才应被称为道德世界的牛顿，而且他书房里的唯一绘画就是卢梭的肖像。在18世纪80年代那10年里，康德在他的书房里完成了三大批判，即《纯粹理性批判》《实践理性批判》和《判断力批判》。这三大批判打磨了启蒙运动思想，为其赋予了秩序。它们分别论述形而上学、伦理学和美学，同时又通过在几个世纪以来欧洲哲学的两种重要而对立的传统——理性主义和经验主义之间架起桥梁，实现了康德本人所谓的思想领域的哥白尼革命。

我不想在理论上过多地讨论康德哲学。我感兴趣的是，康德和卢梭一样，他在三大批判中关注的焦点是人，是人类经验，是人类思想和想象力的创造性力量，而非超验的世界，也非自然世界。理性主义者依赖逻辑来理解"因果"这样的词汇是何含义，休谟和经验主义者则坚持认为，人在经验中看到的根本不是因果，而只是连续的事件。康德则居于这两种观点之间，提出了第三种观点。他认为，因果联系本身是什么，我们永远也无法知晓。他实际上采纳了蒙田对"我知道什么？"这个问题的答案，然后像蒙田那样，回答说我们能够知道的只有在人类经验中遇到的事物，在此之外无论存在什么现实，我们都无法理解。但是，康德还认为，人类头脑对经验的理解并非随机或任意，而是有规律和范畴（如因果、时空）——这些规律和范畴是我们世界观的固有部分。"借助于感性，"康德说，"对象被给予我们，而且唯有感性才给我们提供直观；但是直观通过知性被思维，从知性产生出概念。"[1]（李秋零译）这便是经验主义和理性主义之间的桥梁。

同样，在《实践理性批判》中，康德认为人是道德自律的生物，其义务是自己强加的。这些义务源自人对自己负有义务的本能意识，源自一种责任感，而非来自外部宗教信条的权威，也并非来自外部物质或社会环境的施压。尽管康德不认可卢梭所秉持的人性本善的观念，但卢梭当初就是将这种人文主义观念视为道德来源的。康德同样清楚地表明，尽管一名科学家（如生理学家）自然会将人视为一种与其他现象类似的现象，与动物或无生命客体一样受制于相同的法则和规律，但这种思路在伦理学中行不通。在我们考虑人的道德行为时，我们面对的是人的那种本能信念，即人是自由的，是自己行动的主人。

在他的另一段著名话语中，康德坚持说，一种行动如果要是道德的，唯一的条件就是"我也能够让我的准则［即我的行动准则］成为一种普遍性的规则［即约束所有人］"。[2] 他将这种标准用作基础，重新表述了卢梭的公意，进而找到了一种克服个人与社会冲突的办法。

在三大批判的最后一本《判断力批判》（1790）中，康德实现了他20年前的承诺，继形而上学和伦理学之后，补全了对美学原理的分析。尽管——或许应该是因为——他本人的艺术爱好有限，但他让一场混乱的辩论有了秩序。他之所以能够做到这点，是因为他对艺术特征的把

---

1 Kant, *Critique of Pure Reason*, Engl. transl. by Norman Kemp Smith (London 1933), p. 65.
2 Kant, *Fundamental Principles of the Metaphysics of Morals*, Engl. transl. by T. K. Abbott in *Kant's Critique of Practical Reason and Other Works on the Theory of Ethics*, 5th ed. (London 1898), p. 18.

握——他认为艺术的特征是游戏、"一种无目的的合目的性"、通过精湛技艺表达出来的原创性、由理性引导的激情——还因为他进一步坚持认为，艺术和审美是自治的，独立于道德、心理、政治和宗教。

即使是休谟也不太愿意在这里接受自己的怀疑论带来的后果，但康德却果断地写道："对品味的评判只可能是主观的。"[1] 但是，这并不必然导向相对主义，也并不导向美学的无政府状态。因为，人们说某件事物很美以及说某件事物给了他们愉悦，这二者是有区别的。其区别在于，"这很美"的说法包含一种对高于个人兴趣或偏好的普遍性的主张，虽然这种普遍性并不是指客观性。"这很美"的说法并不意味着存在普遍的认同；但它意味着人们有普遍认同的责任，即包含这样一种主张，所有有理性的人如果充分理解了这种说法，就都会赞成它。康德认为，自己所做的是找到一种办法，将一种经验证据（即关于艺术的分歧广泛存在，艺术家和艺术风格的潮流也会变化）与一个同样确定的事实（即人们在谈论美时，他们指的不仅仅是"这让我愉悦，但也可能让你感到憎恶"）调和起来。

10

在康德写作三大批判时，美国革命胜利，法国革命开始。

从始至终，哲人在应用批判理性和倡导自由时，都以取得现实结果为目标。北美殖民地的起义激起了他们的最高期望。杜尔哥甚至在美国独立战争获胜前就写道，美洲人民是"人类的希望，他们很可能成为人类的典范"。

他们的热情有充分的根据。

首先，杰斐逊、亚当斯、华盛顿、富兰克林、汉密尔顿这一代创立了

---

[1] Kant, *Critique of Judgment*, Engl. transl. by J. H. Bernard (New York 1951), p. 37.

合众国的美国人是启蒙运动的继承者。在 18 世纪，他们对启蒙运动思想加以选择，发展出自己的版本。美国迥异于欧洲历史上那些重要的社会，他们在这个国家根据自己的经验，调整了他们关于理性、人性的可完善性、道德感、设计论证以及进步的必然性或者至少是可能性的观念。美国人对这些问题的共识并没有比欧洲人更高，18 世纪后期尤其如此。但是，他们要回答的问题、他们辩论时使用的语言、他们思维的框架，甚至他们的巨大分歧，都是属于启蒙运动的。任何人只要读过杰斐逊（1743—1826）起草的包含"不言而喻之真理"和"天赋之人权"的《独立宣言》，读过起草《美国宪法》时发生的那些辩论，就可以看出这点。

其次，他们的那个自由和自治的"伟大实验"是在这样一个国家开展的：它在独立后没有遇到常见于欧洲所有国家的那些因袭而来的对改革或进步的阻碍，它没有世袭君主或贵族，没有封建历史，没有根深蒂固的国教，也没有僵化的等级制度。在起草用于自治的宪法时，美国人是空前自由的，既没有历史的负担，也不受地理的约束，毕竟他们有一整个大陆可以开拓。

最后，他们在进入这些未知水域时拥有的信心（这种信心也属于启蒙运动的遗产），也因为他们的成功而变得更强。作为天意的一部分，"这个国家是为人类进步保留下来的最后和最伟大的舞台"（康涅狄格州一家杂志在 1786 年所言），哲人的事业实际上在这个新世界里最为接近完成。

图 2.18
1776 年 7 月 4 日在费城签署的《独立宣言》的原稿局部

图 2.19
法国大革命期间人们将卢梭神化：1794 年 10 月 11 日，人们在他的棺木上竖立雕像，将他的遗骸移葬至先贤祠（参见图 2.16）

图 2.20
1790 年革命时期巴黎的一张海报："我们在此为自己加上公民的头衔。"

许多美国人以及不少欧洲人[1]都坚信，上面这种说法如果不是真的，那么美国人就不可能取得成功。

法国大革命与美国革命不同，它不是新国家的新开始，而是阶级之间权力平衡的变动。它发生在一个历史悠久的民族国家，这个国家有着根深蒂固的认同和文化传统，仍然能够主宰欧洲（拿破仑的战争将说明这点）。

哲人及其观点在法国大革命的爆发中扮演了什么样的角色，围绕这个话题人们争论了 200 年。然而，这种争论的结果现在可以用几句话总结出来。根本上，启蒙运动不是政治运动，而是智识运动。它追求改革而非革命，其论争的受众是受教育阶层，而非平民百姓。除卢梭以外，哲人对平民百姓既鄙夷，又不信任。

正如启蒙运动在根本上不是政治运动，法国大革命的起源在根本上也

---

[1] 热情的激进主义者理查德·普莱斯博士兼牧师——埃德蒙·伯克的著名作品《反思法国大革命》就是针对他所写的——宣称，美国革命"作为人类前进道路上的一步"，其重要性"仅次于基督教被人类信奉"；托马斯·潘恩在《常识》中展望的那个美国，在后来一个世纪里将被数百万人视为"欧洲各地受迫害的公民自由和宗教自由热爱者的避难所"。

不是意识形态。这场革命是多种因素共同作用的结果，包括经济、金融、政治上的因素，如国家破产、贵族造反、农民怨愤以及土地需求。

然而，哲人宣扬的那些关键观念，即使不是法国大革命的起因，也在两个方面十分重要。首先，它们削弱了旧制度的思想防御和自信。在贵族和中产阶级里，甚至在神职人员里，对世俗及宗教权威的质疑流行了起来。其次，在危机发展到贵族与教会以及与第三等级对抗的地步时，第三等级的领袖，也就是因革命而获得权力的那些人，正好就是受启蒙运动思想影响最深的律师、医生、记者。温和的保皇派领袖穆尼埃在很久后写道："不是那些原则的影响力引发了革命，相反是革命让它们有了影响力。"[1] 随着对抗加深，激进的领袖们抓住启蒙运动中的语句和观念，将它们变成口号："公民""社会契约""公意""人权"以及最强有力的"自由、平等、博爱"。

1792年，奥地利和普鲁士军队在不列颠的支持下入侵法兰西，战争爆发，导致了第二波更加血腥的革命。国王下台后，民众支持和阶级仇恨被煽动起来，一个有组织的恐怖政权得以成立。在不到两年的时间里，这个政权就通过革命法庭判罚和处决了约2万名男女，还在狱中杀害了2万人。

在1793年至1794年的绝望环境中，武装斗争和阶级斗争变成了双方的意识形态征战，公共安全委员会的主要成员罗伯斯庇尔（1758—1794）和圣茹斯特（1767—1794）以卢梭式的原则为根据，宣称要使法兰西在道德上重生，并且以对至高存在的崇拜取代基督教。不接受甚至被怀疑不热情支持新秩序的人，都可能被武断地监禁和处决——这样的刑罚是卢梭在《社会契约论》中建议的，而罗伯斯庇尔和圣茹斯特也正是因为这样的刑罚而丧生。

---

1 Jean Joseph Mounier, *Recherches sur les courses qui ont empêché les Français de devenir libres, et sur les moyens qui leur restent pour acquérir la liberté*, 2 vols (Geneva 1792).

图 2.21
"革命吞噬了自己的孩子。" 在 1794 年 7 月 27 日至 28 日的热月政变中,雅各宾派领导人被推翻,罗伯斯庇尔和圣茹斯特被抓获。他们在 28 日被送上断头台处决

图 2.22
戈雅在 1798 年左右创作的《理性沉睡,心魔生焉》,表达了他对法国大革命之后启蒙运动所遭遇的反动的评论

II

反对法国大革命的人们认为它威胁了社会秩序,急切地想要消除这种威胁,所以也采取了同样极端的意识形态立场。法兰西流亡者马莱·杜庞失去了一切,但是拒绝让不断蔓延的恐惧吞没他自己的判断。他在 1796 年写道:

> 欧洲出现了一群蠢人和疯子,他们只要有可能,就会禁止人思考和观看。他们一看到书就会颤抖;因为启蒙运动已经被滥用,所以他们要消灭在他们看来被启蒙的所有人……他们相信,没有那些智识人士,革命本不会发生,所以他们希望能够用蠢人来逆转革命。[1]

所以,启蒙运动和文艺复兴人文主义一样,都以一场似乎要消灭其全部信念的反动告终,前者的终点是一场反革命,正如后者的终点是反宗教

---

1 Mallet du Pan, *Correspondance politique pour servir à l'histoire du Républicanisme français* (Geneva 1796).

改革。即使我们接受哲人那种赞许的观点,即启蒙运动是一出伟大戏剧的一部分,它的第一幕是文艺复兴,是人的心灵从恐惧、迷信和错误信念的枷锁中解放出来,我们也显然无法同意启蒙运动是它的最后一幕。最后一幕并不存在:即使人类的心灵曾经被解放过,每代人也都要重新开展解放的斗争。

另一方面,在反对法国大革命的势力逐渐耗尽,斗争重新开始之时,显而易见的是启蒙运动已经永远地改变了争辩的措辞方式。同样显而易见的是,那个产生了伏尔泰、亚当·斯密、休谟、卢梭、康德和赫尔德,并因他们的思想而变得面目全非的世界,已经一去不返了。

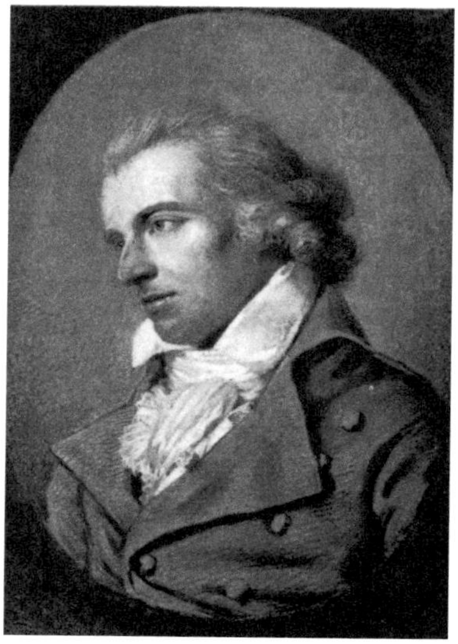
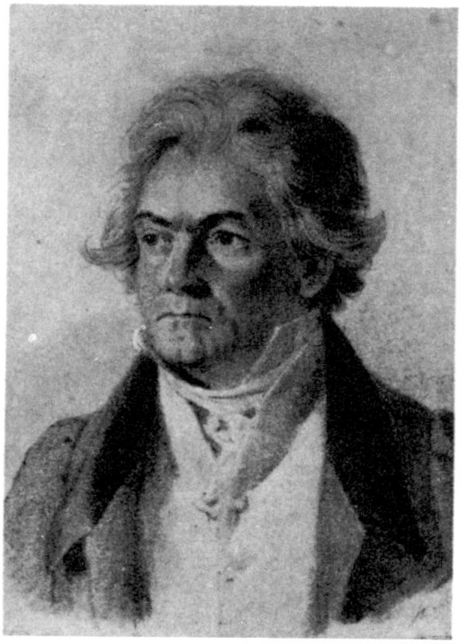
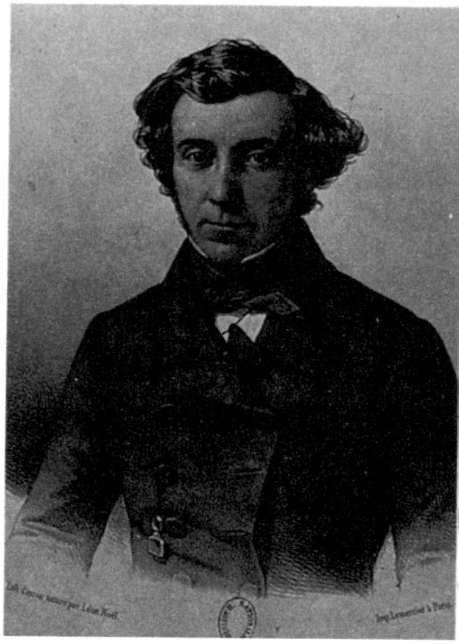
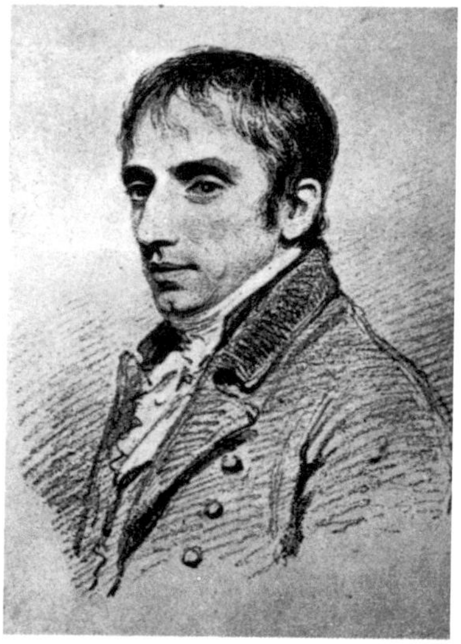
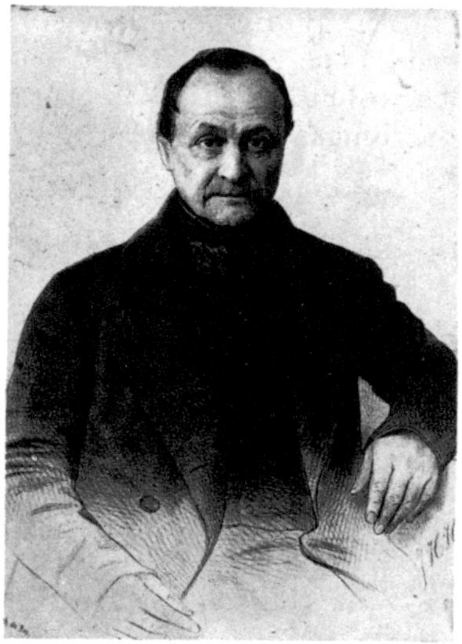
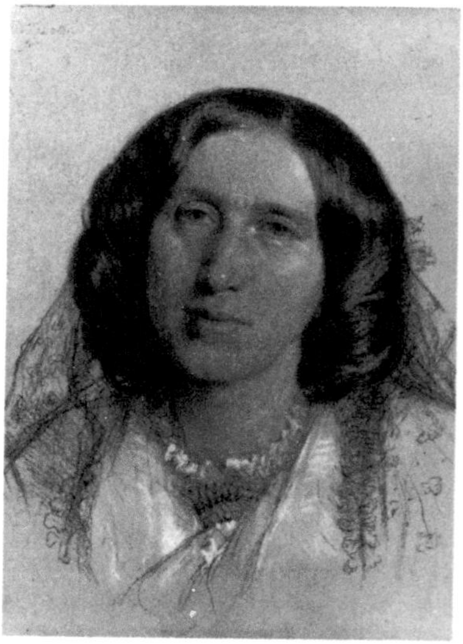
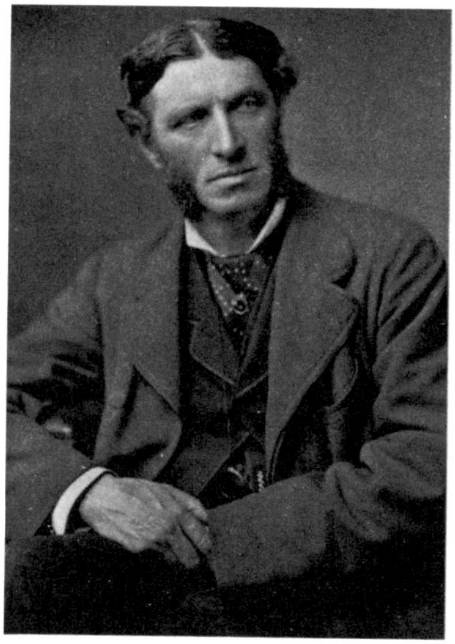
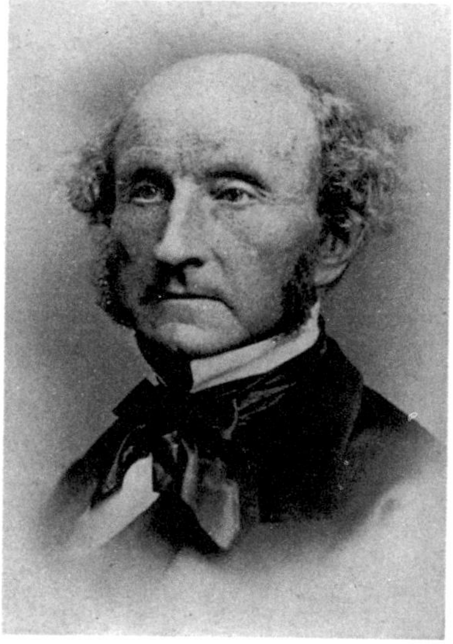
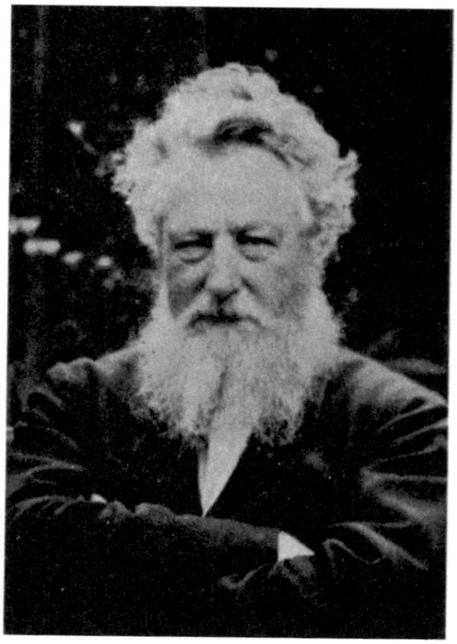

第三章
19世纪：学说争鸣

I

欧洲强国花了20年的时间才挫败法国大革命，在1815年之后它们的最高目标是阻止第二次革命。在欧洲历史上，对革命的恐惧——以及希望——从未像1815年至1848年那样普遍。1848年年初，阿列克西·德·托克维尔（1805—1859）对法兰西众议院说道："我们正睡在火山之上……难道你们没有看到大地又在颤动吗？革命的风吹起来了，暴风已经在地平线上了。"

几个星期后，1848年2月，革命在巴黎爆发，随即扩散到整个欧洲，只有英国和俄国未受影响。即使是在起义遭到镇压时，也很少有观察家会在1849年成功预见，1848年的革命其实是——至少直至今日一直还是——欧洲的最后一场全面革命。

如果他们把注意力从巴黎和维也纳的路障上移开，去关注曼彻斯特和布拉德福德等工业城镇，或大陆上的同类城镇列日和里尔，看那里的穷街陋巷在发生什么，那么他们就会发现还有另外一种革命。这种革命将在1848年那些政治革命失败后的25年里永久地改变西欧的经济和社会，还将在19世纪结束之前永久地改变世界上其他大部分地区——包括美国和

图 3.1
左页图第一排为席勒、贝多芬、托克维尔，第二排为华兹华斯、孔德、乔治·艾略特，第三排为马修·阿诺德、穆勒、威廉·莫里斯（自左至右）

日本——的经济和社会。

在此只需回顾紧随工业革命发生的社会变化。工业革命改变了人类历史的尺度和范围：人口迅速增长；人们从乡村迁移到城市，从旧世界迁移到新世界；城市快速发展；工商业经济取代农业经济，资本主义取代封建主义；传统生活模式被打乱——这种情况首先出现在西欧，后来在帝国主义的影响下出现在世界的其他地方；世界先后因为贸易、通信的发展而统一和缩小。

从 1848 年到 1873 年，这 25 年间的经济增长对人们造成的巨大影响空前绝后，原因有三点。首先，此前从未出现过类似的经济增长。其次，即使按今天的标准来看，当时的增长速度也相当了不起，例如世界贸易增长了 260%。最后，或许也是最重要的原因，当时的经济增长整体而言没有间断，使得人们（即使是那些在此前失败的人们）普遍相信这种增长会继续，会为进步开辟无限的前景。

工业化的经验对人文主义传统有着深远的影响，它使由精英阶层开创的道路首次与大众社会的前景正面相撞，又通过吸引和排斥刺激了人文主义传统的进一步发展。托克维尔再次看清了这个过程的双重意义。早在 1835 年讨论曼彻斯特时，他就用几句话道出了这种双重意义：

> 从这条恶臭的阴沟中流出了最伟大的人类工业巨流，浇灌了整个世界；从这肮脏的下水道中流出了黄金。在这里，人性得到了最完整的发展，也展现了最野蛮的一面；在这里，文明创造出奇迹，文明人几乎被转变为野蛮人。[1]

有许多观念与在不列颠首先创造出工业社会的那些变革相关，但这些观念并不新颖：它们全都源自 18 世纪的启蒙运动。前所未有的是它们因

---

1 Alexis de Tocqueville, *Journeys to England and Ireland*, Engl. transl. by G. Lawrence and K. P. Mayer, ed. by J. P. Mayer (London 1958), pp. 107–108.

为与实践结合而获得的那种力量。它们的核心是相信自由，相信将人类的精力从迷信的束缚、传统的重压和政府干预的约束中解放出来是有益的。

法国国民议会效仿美国人，在1789年宣布了"人和公民拥有的自然的、不可剥夺的权利"。他们宣称："人生来是且始终是自由的，是平等享有权利的。"这些权利包括自由、财产、安全和反抗压迫的权利。公民在法律面前一律平等，有权直接或间接地参与立法；不得在没有司法命令的情况下逮捕任何人；应当保障宗教信仰自由和言论自由。他们宣称，这些革命性的主张不仅是法兰西人的自然权利，也是所有人的自然权利；它们借助革命军队和拿破仑的军队传播到欧洲各地。经过20年的战争，旧制度成功击败了拿破仑的军队，但它无法消灭那些革命性原则造成的影响。在必要之处，人们还可以用"功利"原则来砍倒无法回答如下几个致命问题的传统制度：它是理性的吗？它有用吗？它是否有益于最大多数人的最大幸福？

图 3.2
第一次工业革命时英国北部的场景。这幅展现斯托克波特的火车高架桥的绘画由亚瑟·菲茨威廉·泰特在1848年创作

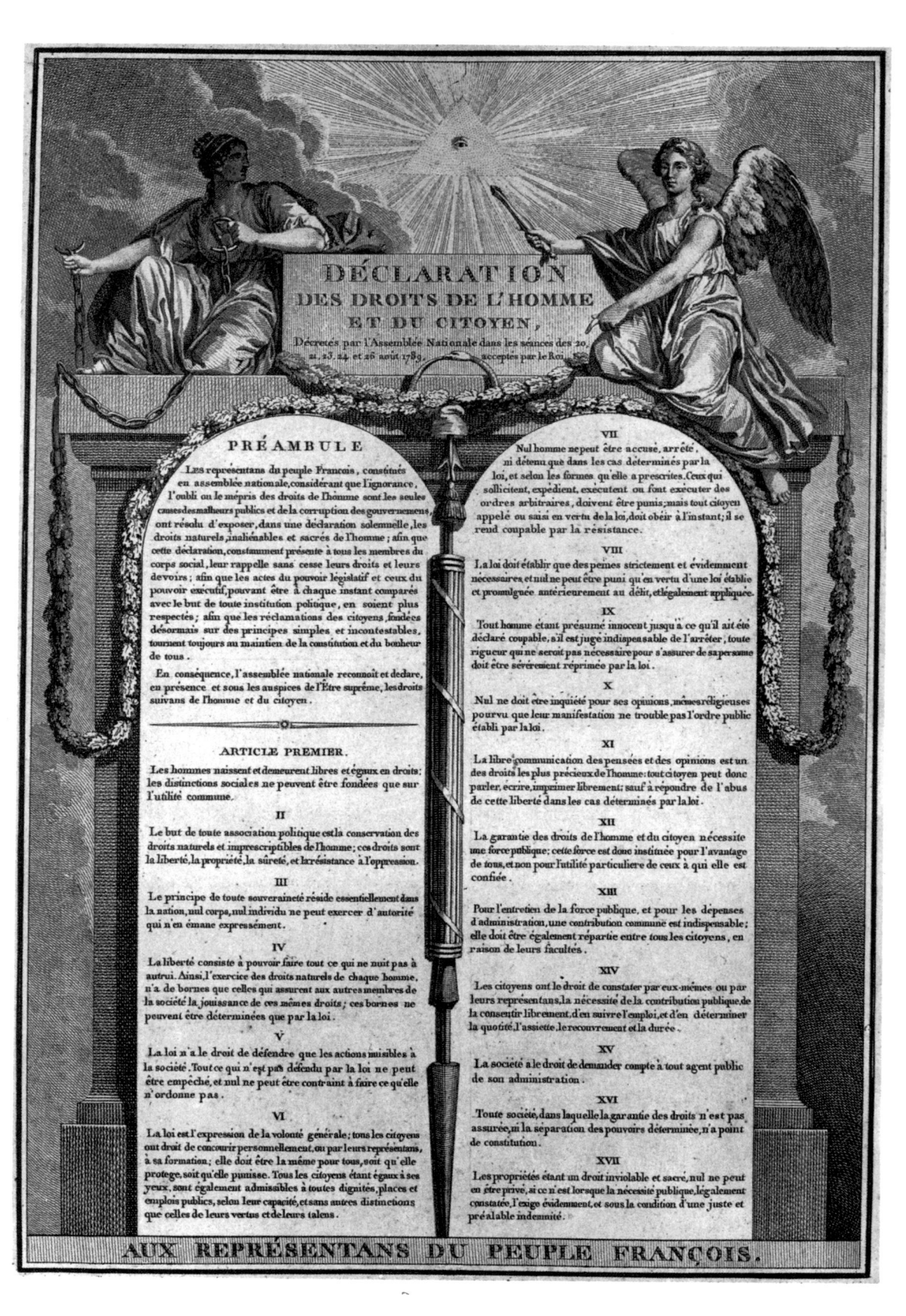

DÉCLARATION DES DROITS DE L'HOMME ET DU CITOYEN,

Décrétés par l'Assemblée Nationale dans les séances des 20, 21, 23, 24 et 26 août 1789, acceptés par le Roi.

PRÉAMBULE

Les représentans du peuple François, constitués en assemblée nationale, considérant que l'ignorance, l'oubli ou le mépris des droits de l'homme sont les seules causes des malheurs publics et de la corruption des gouvernemens, ont résolu d'exposer, dans une déclaration solemnelle, les droits naturels, inaliénables et sacrés de l'homme; afin que cette déclaration, constamment présente à tous les membres du corps social, leur rappelle sans cesse leurs droits et leurs devoirs; afin que les actes du pouvoir législatif et ceux du pouvoir exécutif, pouvant être à chaque instant comparés avec le but de toute institution politique, en soient plus respectés; afin que les réclamations des citoyens, fondées désormais sur des principes simples et incontestables, tournent toujours au maintien de la constitution et du bonheur de tous.

En conséquence, l'assemblée nationale reconnoît et déclare, en présence et sous les auspices de l'Être suprême, les droits suivans de l'homme et du citoyen.

ARTICLE PREMIER.

Les hommes naissent et demeurent libres et égaux en droits; les distinctions sociales ne peuvent être fondées que sur l'utilité commune.

II

Le but de toute association politique est la conservation des droits naturels et imprescriptibles de l'homme; ces droits sont la liberté, la propriété, la sûreté, et la résistance à l'oppression.

III

Le principe de toute souveraineté réside essentiellement dans la nation; nul corps, nul individu ne peut exercer d'autorité qui n'en émane expressément.

IV

La liberté consiste à pouvoir faire tout ce qui ne nuit pas à autrui. Ainsi, l'exercice des droits naturels de chaque homme, n'a de bornes que celles qui assurent aux autres membres de la société la jouissance de ces mêmes droits; ces bornes ne peuvent être déterminées que par la loi.

V

La loi n'a le droit de défendre que les actions nuisibles à la société. Tout ce qui n'est pas défendu par la loi ne peut être empêché, et nul ne peut être contraint à faire ce qu'elle n'ordonne pas.

VI

La loi est l'expression de la volonté générale; tous les citoyens ont droit de concourir personnellement, ou par leurs représentans, à sa formation; elle doit être la même pour tous, soit qu'elle protege, soit qu'elle punisse. Tous les citoyens étant égaux à ses yeux, sont également admissibles à toutes dignités, places et emplois publics, selon leur capacité, et sans autres distinctions que celles de leurs vertus et de leurs talens.

VII

Nul homme ne peut être accusé, arrêté, ni détenu que dans les cas déterminés par la loi, et selon les formes qu'elle a prescrites. Ceux qui sollicitent, expédient, exécutent ou font exécuter des ordres arbitraires, doivent être punis; mais tout citoyen appelé ou saisi en vertu de la loi, doit obéir à l'instant; il se rend coupable par la résistance.

VIII

La loi ne doit établir que des peines strictement et évidemment nécessaires, et nul ne peut être puni qu'en vertu d'une loi établie et promulguée antérieurement au délit, et légalement appliquée.

IX

Tout homme étant présumé innocent jusqu'à ce qu'il ait été déclaré coupable, s'il est jugé indispensable de l'arrêter, toute rigueur qui ne seroit pas nécessaire pour s'assurer de sa personne doit être sévèrement réprimée par la loi.

X

Nul ne doit être inquiété pour ses opinions, mêmes religieuses, pourvu que leur manifestation ne trouble pas l'ordre public établi par la loi.

XI

La libre communication des pensées et des opinions est un des droits les plus précieux de l'homme; tout citoyen peut donc parler, écrire, imprimer librement; sauf à répondre de l'abus de cette liberté dans les cas déterminés par la loi.

XII

La garantie des droits de l'homme et du citoyen nécessite une force publique; cette force est donc instituée pour l'avantage de tous, et non pour l'utilité particulière de ceux à qui elle est confiée.

XIII

Pour l'entretien de la force publique, et pour les dépenses d'administration, une contribution commune est indispensable; elle doit être également répartie entre tous les citoyens, en raison de leurs facultés.

XIV

Les citoyens ont le droit de constater par eux-mêmes ou par leurs représentans, la nécessité de la contribution publique, de la consentir librement, d'en suivre l'emploi, et d'en déterminer la quotité, l'assiette, le recouvrement et la durée.

XV

La société a le droit de demander compte à tout agent public de son administration.

XVI

Toute société, dans laquelle la garantie des droits n'est pas assurée, ni la séparation des pouvoirs déterminée, n'a point de constitution.

XVII

Les propriétés étant un droit inviolable et sacré, nul ne peut en être privé, si ce n'est lorsque la nécessité publique, légalement constatée, l'exige évidemment, et sous la condition d'une juste et préalable indemnité.

AUX REPRÉSENTANS DU PEUPLE FRANÇOIS.

2

在1914年以前的一个世纪里，代议政治制度和公民权利——法律面前一律平等（尽管还不包括女性）、言论和新闻自由、宗教信仰自由、结社自由——在整个西方世界得以确立。很多人担心民主有害，可能威胁到财产，但是尽管有这些疑虑，尽管过程更为曲折，选举权的覆盖范围也还是得以扩大，至少涵盖了所有成年男性。这些政治和法律改革是经过许多斗争才得以实现的，斗争包括美国在19世纪30年代争取杰克逊式民主的运动、不列颠的《1832年改革法案》以及第一次世界大战前夕争取女性选举权的运动。工商业界也不得不针对地主的利益发动类似的斗争，确立自由贸易和自由创业的原则。从18世纪80年代开始，不列颠在应用这些原则方面越来越成功，这在很大程度上证实了理性加自由的普遍理念的正确性。亚当·斯密和大卫·李嘉图的政治经济学就是这种理念的最有力例证。

18世纪的启蒙运动将一切押在这样一种信念之上，即如果个体人类的能量得以释放，那么他们就能取得无限的成就。从1848年到1873年，这25年的非凡经济成就似乎证明了这种信念是正确的；它说明了对个体私利的追求能提高所有人的生活水平（尽管并不平等），能增加国民的财富，因而有利于共同利益；它还为那种被称为19世纪真正宗教的进步信念提供了因经验和逻辑而得以强化的坚实基础。在19世纪50年代和60年代，似乎各个方面都有明显的证据表明，在一个被理性分析照亮的世界里，充分发挥个人的天资能够让知识和技术，让财富、福利和文明出现空前增长。假以时日，这些增长能够在道德和物质上将人类提升至前所未有的高度。人们认为进步是自然的，一旦过去立起来的那些障碍被清除，进步就必然会到来。

那些因19世纪中叶的乐观精神而出现的希望在我们这个时代落空，使得我们很容易低估当时在财富创造方面以及政治和社会制度发展方面的

图3.3
法国国民议会在1789年8月20日至26日通过的《人权和公民权宣言》

图 3.4
1851 年在伦敦水晶宫举办的万国工业博览会

成就有多大——我们西方文明尽管经历了两次世界大战、多次经济衰退、技术创新、发达国家的革命和欠发达国家的起义，但在 20 世纪晚期仍然依赖于那些成就。希望的落空还使得我们很容易低估那些观念在共产主义世界和欠发达世界仍然能够多么革命性地解放人类力量。

科学的进步为经济学铁律的形成提供了模型，并且让 19 世纪那些自认为在重塑世界的企业家有了更多的信心。科学取代了哲学，挑战了宗教，让人们有了智识上的安全感，还让人们能够掌控自然，而掌控自然正是技术进步的关键。自然和宇宙继续被视为一个和谐的整体，但此时是机械论意义上的整体，不再考虑神学上的第一推动者（牛顿仍在探求），而是通过热力学第一和第二定律得到解释。

奥古斯特·孔德（1798—1857）的实证主义宣称了自然科学方法具有优越性。它提出了人类知识的发展有三个阶段。第一个阶段是神学阶段，现象被视为超自然存在的行动结果；第二个阶段是形而上学阶段，超自然存在被抽象的力量取代；第三个阶段是科学阶段，宗教和哲学成为累赘，实证科学提出统一、普遍、无法违背的定律。孔德还创建了一种实证主义教派——人道教；在这种宗教中，人类在物质方面的行善者取代了圣人层级。但是，正如约翰·斯图亚特·穆勒那样，孔德最大的抱负是将自然科学中卓有成效的方法应用于研究社会和道德现象。赫伯特·斯宾塞（1820—1903）和卡尔·马克思（1818—1883）则提出了媲美孔德的理论，他们都声称自己的理论由一系列与牛顿运动定律类似的决定论定律组成，其中彻底排除了偶然性、神的干预以及个人选择。

查尔斯·达尔文（1809—1882）在1859年出版的《物种起源》似乎决定性地抹除了自然科学在研究人类方面的界线。达尔文的进化论和自然选择学说终结了人类的特殊地位，让人类与动物及其他有机生命处于同一个生物系统中——这点是毫无疑问的，就算有疑问，也被他在1871年出版的《人类的由来》消除了。在达尔文的支持者那里，最初的假说变成了教条。这是为大众读者将复杂问题简单化的结果之一。达尔文的学说被通俗化为"适者生存"，被庸俗化为社会达尔文主义。达尔文的权威受到马克思及托马斯·亨利·赫胥黎（1825—1895）的重视，被用来支持他们激进的世俗主义思想；这种权威也被用来为相信成王败寇和白人种族优越性的竞争性人类史观辩护。

3

我花时间讲19世纪思想的实证主义方面，原因在于它是人文主义传统发展历史中的一个重要阶段，是今天所谓世俗或科学人文主义的起源。然而，即使是在当时，以实证主义和世俗主义代表人文主义的观点，也受到了其他以不同视角看待19世纪以及工业社会扩张的学说的挑战。

让我先谈谈那些人，他们同样接受了理性和自由这两条革命性原则，但是想让它们进一步产出在他们看来符合逻辑的结果，从而完成1789年那场流产的革命，这导致要求普选的民主激进派和害怕暴民统治并希望将选举权限制在有产阶级的自由立宪派发生了争吵，最终赢得争吵的是激进派。

最先预见人们对平等的需求将不可抵挡，进而继续追问民主会有什么结果的人，是诺曼贵族青年托克维尔。他前往美国，想要在首个真正民主的社会里寻找答案。1835年，他还未满30岁，已经出版了《论美国的民主》，在书中呈现了自己的结论。他发现，让他印象极深的是美国生活的活力与独立性；但是，他也指出了在他看来会对任何民主社会构成威胁的危险因素，即人们为了确保平等，就会追求更高程度的国家集权，进而在无意之中创造出新形式的专制。"他们想要自由以获取平等，随后，借助于自由，他们逐渐建立起平等，这时却无法很好地享受自由了。"[1]
（曹冬雪译）

"事物是新的，"托克维尔写道，"既然我无法给它命名，就试着先去定义它。"危险在于，人们会习惯于从国家那里获取越来越多的东西，国家

> 保障他们的安全，预见和满足他们的需求，创造便利供他们享乐，指挥他们的主要活动，领导他们的工业，管理他们的遗产继承，分配他们的遗产，这不是让他们完全不用费心去思考、费力去生活吗？[2]
>
> （曹冬雪译）

托克维尔并未指责民主本身。相反，在写给友人欧仁·施托费尔的信

---

[1] Alexis de Tocqueville, *Oeuvres complètes*, 9 vols, 2nd edn. ed. by Gustave de Beaumont (Paris 1860–66), v. III, p. 514.
[2] *Ibid.*, pp. 519–520.

中，他在解释《论美国的民主》时尝试说明：

> 尽管民主政府比其他政府更不利于人性中的某些较好部分［他在此评论的是贵族制度在美国的缺席］，但它也有优秀和高尚之处；或许，让全人类获得程度稍低的幸福，而不让少数人接近获得完美，这终归是上帝的意志。[1]

在写信给将《论美国的民主》译入英语的友人亨利·里夫斯时，他说道：

> 我仅有一种信念，那就是对自由和人类尊严的热忱。我认为所有政府形式都是……满足这种神圣、正当渴望的手段……我出生于一场长期革命［即始于1789年的法国大革命］的末尾，这场革命摧毁了旧制度，却未创造出能够持久的新制度。在我出生时，贵族制度已经死亡，民主制度尚未问世。因此，我的兴趣不会使我盲目追求贵族制度和民主制度中的任何一个……我平衡于过去与未来之间，对它们都没有天生的迷恋，所以能够轻而易举、平静地思考问题的两面。[2]

托克维尔的结论是，重要之处在于民主社会是否积极采取措施，通过分散集中的权力以及建立强有力的地方政府和省级政府来抗衡专制，这种体制包含官员选举、独立的法庭、不受侵犯的议会以及最重要的新闻自由（"维护自由的最重要民主手段"）。

托克维尔的政治经历证实了他的恐惧是有道理的。他忠于自己的信念，在议会里担任反对党议员，还是芒什省议会的成员。在1848年的法国二月革命（他曾经预言过这场革命会到来）推翻七月王朝时，他在短命

---

[1] *Ibid.*, v. V, pp. 425 *et seq.*

[2] de Tocqueville to Henry Reeves, 22 March 1837; *ibid.*, v. VI, pp. 67–68.

图 3.5
1851年12月2日,法兰西第二共和国总统路易·拿破仑发动政变,呼吁法兰西人民在全民投票中支持他(如海报中所展示的那样)。740万人投了支持票,只有64万人投了反对票。在首个"公投独裁"制度的诞生过程中,这是决定性的一步。1852年,路易·拿破仑称帝,宣布自己为拿破仑三世,该事件标志着"公投独裁"制度的完成

的第二共和国担任了外交部部长的职位,最终目睹政府被发动政变、建立首个"公投独裁"国家的路易·拿破仑即拿破仑三世推翻。第二共和国将法兰西选民从20万人增加至900万人,但是新选民愿意将权力移交给拥有显赫姓名并承诺大包大揽的人。因此,拿破仑三世的第二帝国(1852—1870)结合了条件平等和托克维尔最不信任的专制权力。他拒绝了去政府任职的全部邀请,转而投身于写作另一部经典的政治分析著作,该著作试图说明法兰西的中央集权制不是法国大革命的产物,而是在之前的旧制度之下产生的,还试图说明法国大革命没有推翻中央集权制,而是使其延续和加强。政权会不断更迭,中央集权的结构却始终不变。[1]

就像约翰·斯图亚特·穆勒那样,托克维尔是19世纪公民人文主义的代表人物。这种形式的公民人文主义主张,为了民主本身的利益,相信自由之价值的人们必须积极投身于运动,采取充分的保障措施来培养民主,还必须在未来人人平等的大众社会里制约权力过度集中。"分权如同

---

[1] 托克维尔的《旧制度与大革命》出版于1856年;Engl. transl. by Stuart Gilbert (New York 1955).

自由,"他写道,"是领袖们向人民许诺,但绝不兑现的东西。要实现和维持分权,人民必须全然依靠自己的努力:如果他们不努力,那集权的弊端就无可救药。"[1]

激进派专注于扩大选举权,社会主义者则想要更进一步,他们认为政治改革只会触及贫穷和剥削这两个社会弊端的表层。只要财产和机会的严重不平等继续存在,始于1789年的那场革命就没有完成,而且除非财富分配不平等这个根本性问题得到正视,否则财产和机会的不平等就无法被根除或降低。为支持自己的论点,早期的社会主义者以人道的名义,指出工业化给人类带来了巨大的苦难。但是,他们的论据不很有效,因为人们坚信经济学"铁律"使得工资不可能涨到基本生活水平之上,毕竟正如马尔萨斯在《人口原理》(1798)中证明的那样,经济增长会被随之而来的人口增长抵消。

直到卡尔·马克思的横空出世,才将社会主义者的论据放到了迥然不同、更加坚实的基础之上。他没有基于他所鄙夷的人性、正义或道德来展开论证,而是着眼于历史。他认为,历史的进展自有其"铁律",人类能够理解这种铁律,也能够配合(这是马克思的自由观),但是无法改变其运作。历史进程中的决定性因素不是人类的思想或信念,而是"生产的经济条件方面所发生的物质的、可以用自然科学的精确性指明的变革"。

这句话出自《政治经济学批判》中的一个著名段落,就在同一个段落中,马克思宣称社会的经济结构是:

> 有法律的和政治的上层建筑竖立其上并有一定的社会意识形式与之相适应的现实基础。物质生活的生产方式制约着整个社会生活、政治生活和精神生活的过程。不是人们的意识决定人们的存在,相

---

[1] de Tocqueville, *Oeuvres,* v. VIII, pp. 321–322.

图 3.6
卡尔·马克思

反，是人们的社会存在决定人们的意识。[1]

这种历史观的优势在于，它使马克思既能够证明工业资本主义在特定的社会发展阶段中有必要的角色要扮演，是一种有力量打破传统经济的严格束缚、将社会生产力提升至以前意想不到的水平的生产形式，又能够证明资本主义由于其内在矛盾不断激化，必然走向阶级冲突、革命爆发、现有社会秩序被推翻以及新秩序诞生——在这种新秩序中，人类不再因为令人沮丧的不平等和阶级压迫而异化，而是能够自由全面地发展人性。

我个人认为，作为马克思主义核心的历史唯物主义与决定论可能并不属于人文主义传统。马克思本人或许会将人文主义视为又一个幻觉，视为人类用来掩饰其阶级利益的诡计，进而拒绝接纳它。在我看来，马克思主义作为一个封闭的理论体系，与加尔文主义一样同人文主义传统不相容。

---

[1] Preface to *A Contribution to the Critique of Political Economy* (1859), Engl, transl. in T. B. Bottomore (ed.), *Karl Marx: Selected Writings in Sociology and Social Philosophy* (Harmondsworth 1970), pp. 51–52.

但是，马克思在人文主义问题上的意义却值得重视，原因有二。第一个原因是，正如以赛亚·伯林爵士提醒我们的那样，即便马克思主义作为一种思想体系被怀疑，但马克思"在树立对社会学与历史学问题的一种全新态度，因而开创人类知识的新途径方面的重要性，是丝毫不会受损的"。[1]这种智识革命注定会永久地影响马克思主义者，以及非马克思主义者关于人和社会的讨论。确实，人们在1883年马克思去世后才充分感受到马克思主义的影响，而与他同时代的人们会对我们前面那种说法感到震惊。然而——这也是我要说的第二个原因——如果这些人听说马克思主义在马克思去世后的一个世纪里会成为人文主义和其他传统的最强大对手，像新教在16世纪的宗教冲突中让基督教世界分裂那样，先后给欧洲和整个世界带来巨大的变革，那么他们会感到更加震惊，不敢相信。

为什么会这样？这个问题我们会在讨论人文主义传统的20世纪遭遇时再回答。但是，在那之前，我们有必要先看看19世纪欧洲的另一种重要思潮。这种思潮也可以说体现了人文主义的价值观，但它不是通过像激进派和社会主义者那样发扬18世纪理性主义及实证主义的遗产，而是通过反对这种遗产来体现人文主义价值观的。

4

在讨论18世纪晚期德国的前浪漫主义和赫尔德时，我已经提过，"德国"这个词当然具有误导性。当时还没有严格意义上的德国；讲德语的民族分散在令人眼花缭乱的若干个王国、大公国、公国、选帝侯领地，以及自由城市之中，而且算得上共同民族情感的东西在多大程度上存在，这个问题如今仍然和当初一样充满激烈的争议。没有争议的是，18世纪的

---

[1] Sir Isaiah Berlin, *Karl Marx*, 4th ed. (Oxford 1978), p. 116.

图 3.7
1800 年魏玛附近大学城耶拿的景致。1788 年,席勒成为耶拿大学的历史教授。提起这座城镇,人们就会想到席勒与歌德的友谊,想到施莱格尔兄弟、费希特、黑格尔、谢林以及席勒在这里任教时那段德国哲学和批评史上特别光辉的岁月

最后 30 年与 19 世纪的最初 30 年(贝多芬去世于 1827 年,歌德去世于 1832 年)是思想和文学创造力的爆发时期,相当于意大利文艺复兴的德国版,而文艺复兴曾经对德意志人影响甚微。

1815 年,大多数德意志人仍然生活在前工业时代,4/5 的人生活在乡村社会。最大的城市维也纳的人口不超过 25 万,柏林在 1815 年的人口少于 20 万,此外人口超过 10 万的城市就只有汉堡。许多知名城镇,如魏玛、耶拿、哈雷、哥廷根,都并未比帕多瓦、曼托瓦、费拉拉、乌尔比诺等在文艺复兴中扮演了重要角色、人口不超过一两万人的城市更大。

和意大利文艺复兴一样,这段时期讲德语的地区的人文主义在某种艺术中找到了表现途径,这一次是音乐艺术。就像 15 世纪和 16 世纪意大利的视觉艺术那样,讲德语的地区的音乐艺术在 1770 年至 1830 年之间也同样达到了完美的古典形式。海顿、莫扎特、贝多芬、舒伯特,对我以及其

他许多人而言，这四位作曲家最能体现人文主义的精髓，在发展新形式的过程中完美地将深刻的人类情感与无与伦比的创新力量配合起来。

没有哪位人物比歌德（1749—1832）更能代表这个时期的特征。他既是天赋杰出的作家和诗人（他的抒情诗不断被谱曲歌唱），又有一种使他被若干代有学养的德国人视为古典人文主义化身的生活态度。他的这种生活态度并非天生而来，而是通过努力获得的。这种对内在平衡与和谐的刻意培养，让他对德意志自我修养的教育传统产生了重大影响。

年轻时的歌德有一种夸张、持续的狂热，这种狂热在他的《少年维特的烦恼》中得到了完美体现——用他自己的话来说，体现为"这种猛烈的渴望，这种猛烈的憎恶，这种狂暴，这种决裂"——并且摧毁了同时代一些极具天赋的人。他将自己从这种激动不安的心态中解放出来，在老年时实现了超脱世俗的宁静。对这个过程的叙述让他的大部分著作和谈话有了一种在莎士比亚的作品中看不见的自传性魅力。

然而，在尝试描述人文主义传统的特征时，我感兴趣的不仅仅是歌德的文学成就，还有这样一个事实，即他的文学成就应该与其他东西结合

图 3.8
歌德画的颌间骨。他对颌间骨的发现，是他最重要的科学贡献，解决了一个关于人体和动物之间的解剖区别的重大争议

起来看。原因在于，没有哪种经历像自然科学的发现那样在他重塑内心自我的过程中扮演了如此重要的角色。从 1779 年开始的 50 年里，歌德花了大部分时间在野外或实验室里系统地学习地质学、解剖学、动物学和植物学。他对科学的原创性贡献不大，但是科学对他本身的发展，尤其是对他作为诗人的发展贡献巨大。他利用对客观世界的探索来抑制被他视为时代恶疾的过度主观。他通过生物学研究，形成了自己的自然哲学，即变形，最初指植物的变形，最终指所有生物的各个部分都能被看作从彼此之中生长而来的过程。正是这种想要理解局部与整体之间关系的热情，使得他不相信应该将机械式的原则应用于任何生物之上，他认为这是通过分析来打破有机生命的个体性所依赖的完整存在，"自然在刑具之上即变得沉默"。

就像达·芬奇那样，对歌德而言，那种科学的冲动，那种想要理解自然的激情，不能与艺术性的东西分离：支配着自然中的形式的法则，也正是那些支配一首诗歌、一首音乐或一件艺术品的形式的法则。他在 1805 年一篇论温克尔曼的文章中写道："人恰当地利用自己个人的天赋即能大有所成，将不同的天赋结合起来便能成就非凡，但只有在把所有的天赋统一起来时才能取得至高的成就。"[1] 他在 1824 年又说："人必须将全部能力，即感觉、理性、想象力、知性，发展成一个真正的整体。"[2] 他不相信人类的任何一种能力本身，无论它是想象能力、抽象能力，还是意志能力。古希腊人之所以对歌德有巨大的吸引力，是因为他相信他们避开了不自然的二元论，即那种像诅咒一般落在现代世界之上的对人类能力的分裂。正是这种对"治愈性整体"的把握，让歌德作为诗人拥有特别直接的表达能力，并且作为一个完整的人获得了宁静的远景。

1　转引自 Barker Fairley, *A Study of Goethe* (Oxford 1947). p. 163。

2　*Ibidem.*

5

并不是所有与歌德同时代的德国思想家和作家都能被称为人文主义者。然而，尽管那些特别有个性和天赋的作家之间存在天然的差异，但歌德与席勒、洪堡、施莱尔马赫甚至赫尔德之间，也像文艺复兴人文主义者之间或启蒙时代的哲人之间一样，存在着巨大的共同之处——有谁能够比歌德和席勒之间的差异更大？他们二人在从1794年至席勒去世这段时间里的友谊构成了德意志人文主义的核心。他们都相信思想能够塑造生活，个体能够自我发展（即自我修养），最终克服内在冲突，与同胞和自然和谐共处。这便是"人文性"一词所表达的理想，他们相信古希腊人最接近实现这种理想。要实现这种理想，就要争取自由，要克服处境，哪怕是身处败境。席勒尤其相信，艺术形式（在他那里自然就是诗歌和戏剧）的经验无非是用来唤醒人类，让他们认识到他们的道德本性就是他们人性的特征——"我们通过美的清晨之门，走进真理的王国。"

德意志人将人文主义与自我修养等同起来，这种等同的弱点在于个体可能过于关注自己，疏于关注社会和政治问题——托克维尔和穆勒追随希腊人和罗马人的人文观，认为对社会和政治问题的关注是人文主义的必要体现。这在当时是一种针对歌德的批评，批评他不支持德意志人反拿破仑军队的起义，不支持德意志解放战争。我们在讲到20世纪时会回过头来探讨这种批评。

这种批评不适用于威廉·冯·洪堡（1767—1835），他为自我修养的概念赋予了社会制度的形式，在这方面所做的贡献比任何人都更大。他生于一个容克家庭，是家里两个儿子中的长子。他弟弟亚历山大·冯·洪堡（1769—1859）同样深受启蒙运动和人文主义理想的浸染，成为当时最著名的科学家和探险家，地球科学、气候学和生态学领域的先驱。威廉年轻时曾在耶拿住过三年，与席勒和歌德交好，后来闯出一番辉煌的事业，成

图 3.9

威廉·冯·洪堡，外交家、学者、人文主义者，他在 1809 至 1810 年建立的普鲁士教育体系一直延续至 1933 年

为拿破仑战争以及战后维也纳和会上普鲁士的主要外交官。他忠于人文主义传统，将其视为人生的指导原则，所以他尽管参与公共事务，精通欧洲政治，但并未因此妨碍自己的广泛智识兴趣——他从事古典学术，还成为比较语言学的奠基者之一。但是，他最值得纪念的岁月是在 1809 年至 1810 年担任普鲁士教育部门负责人的那 15 个月。

在拿破仑战争期间，当普鲁士的命运危在旦夕之时，他利用这短短 15 个月的时间推行了一系列改革，确立了普鲁士和德意志的教育形式，而且这些形式一直持续到了 1933 年。在按照裴斯泰洛齐的路线改革了基础教育后，洪堡创建了人文主义式的文理中学。这些文理中学强调个性的养成，途径是以学习拉丁语、希腊语、数学和德语为基础的通识教育。洪堡教育计划的顶峰是柏林大学的创立，这所大学明确专注于学术与科学研究，并因此成为全世界最具影响力的高等教育机构的典范，直至被纳粹分子摧毁。

就像所有机构那样，文理中学也没有实现洪堡的构想，并且偏离了他的构想。但是，德意志的教育体系——包括在 19 世纪以及 20 世纪早期

领先世界的德意志科学研究——获得了更高的威望,而且正如马修·阿诺德等教育改革家所认为的那样,它显然比其他任何国家的教育体系都更具优势。

  洪堡和歌德都认为自己还算名义上的基督教徒,席勒则公开宣称自己不信基督教。几乎与洪堡完全同时代的弗里德里希·施莱尔马赫(1768—1834)却对德意志新教施加了仅次于路德的影响。他也是一位卓越的古典学者,擅长拉丁语和希腊语,也擅长希伯来语。他在 1799 年出版《宗教讲演录》,开始受到人们的关注,后来又出版了一系列独白录。在这些作品中,他呈现了一种人文主义类型的宗教,这种宗教对上帝的信仰并非来自神学论断或基督教教条——人通过基督的受难获得救赎——而是源自人类个体的意识,源自施莱尔马赫所谓的"神性在个人内心的崇高暗示,它热情地引导人通往超越时间、不受严苛的时间法则约束的不朽生命"。[1]

  伴随这种对内心神性的发现(它被等同于对人性的发现)而来的,是这样一种认识,即要展现内心的神性,就要有意识地培育人的内心生活——内心生活在人们针对他人所做的行为中表现出来。

图 3.10
洪堡创立的柏林大学,直到纳粹上台之前,该校一直是德国科学和学术研究的主要中心

---

[1] 转引自 W. H. Bruford. *The German Tradition of Self-Cultivation: 'Bildung' from Humboldt to Thomas Mann* (Cambridge 1973), p. 69。

> 让你的个性显现出来，用你的精神给周围的一切打下印记；努力完成人性的神圣任务，吸引友善的人来身边，但要时刻审视自己，清楚自己的所作所为，知晓自己内心深处活跃的东西以什么形式表现出来。[1]

这便是加入教会的基础："心灵之间的永恒友谊，相互影响，相互塑造，以及自由的高贵和谐。"[2]

施莱尔马赫被任命为柏林的牧师，还在1810年成为柏林大学的神学教授，并在那里发展出宗教版本的人文主义，即情感神学。他被奉为现代新教神学的奠基人。20世纪的卡尔·巴特和"上帝之道"神学学派指责他以一种基于人类文化的宗教信仰来替代福音。但是，施莱尔马赫的思想在我们这个时代重新受到关注，就连巴特也在作品中说道，无论在哪部现代神学史中，施莱尔马赫过去是，以后也将永远是不可忽视的最重要人物。[3]

6

转头去看同代的英国浪漫主义作家，我们会发现他们的某些特征与德国浪漫主义作家相同。华兹华斯（1770—1850）、柯勒律治、雪莱和济慈都像歌德和席勒那样仰慕希腊人。雪莱（1792—1822）宣称："我们都是希腊人。"约翰·济慈（1795—1821）在《初读查普曼译荷马有感》和《希腊古瓮颂》中无与伦比地完美表达了希腊人对他的影响。他们都重视个人自由，重视个人意识，认为个人意识是人类真理认知和道德认知的来源；华兹华斯在《序曲》中以无可比拟的洞察力对此进行了探讨。然而，

---

1 *Ibid.*, p. 72.

2 *Ibid.*, p. 70.

3 Karl Barth, *Die protestantische Theologie im 19. Jahrhundert* (Zurich 1947), p. 379.

图 3.11
《雪莱在卡拉卡拉浴场创作〈解放了的普罗米修斯〉》，约瑟夫·塞文所作

除了重视探寻自我，他们并不像德国人那样重视自我修养或观念论哲学。当柯勒律治首次将康德和谢林的思想介绍给英格兰读者时，观念论哲学遭遇了嘲笑，被认为是故弄玄虚的胡话——德国形而上学和英国经验主义之间经常表现出这种反差，这种反差一直延续到 20 世纪。

赫尔德、黑格尔和马克思这些差异巨大的 19 世纪德国思想家都将历史维度置于其学说的中心，此类历史倾向可以说在英格兰受到相似的冷遇。也因为这样，英国浪漫主义传统缺乏与之对应的历史维度。然而，另一种维度，人与自然的关系，构成了英格兰诗歌的重要主题之一。例如，华兹华斯就在《丁登寺旁》（1798）里展现了这个主题：

因为我学会了
怎样看待大自然，不再似青年时期
不用头脑，而且经常听得到
人生的低柔而忧郁的乐声
…………

> 我感到
>
> 有物令我惊起，它带来了
>
> 崇高思想的欢乐，一种超脱之感，
>
> 像是有高度融合的东西
>
> 来自落日的余晖，
>
> 来自大洋和清新的空气，
>
> 来自蓝天和人的心灵，
>
> 一种动力，一种精神，推动
>
> 一切有思想的东西，一切思想的对象，
>
> 穿过一切东西而运行。所以我仍然
>
> 热爱草原，树林，山峰，
>
> 一切从这绿色大地能见到的东西，
>
> 一切凭眼和耳所能感觉到的，
>
> 这个神奇的世界，既有感觉到的，
>
> 也有想象所创造的。我高兴地发现：
>
> 在大自然和感觉的语言里，
>
> 我找到了最纯洁的思想的支撑，心灵的保姆，
>
> 引导，保护者，我整个道德生命的灵魂。

（王佐良译）

人与自然关系的岌岌可危，使这种对自然的欣赏得到强化。直到19世纪后期，工业化的经验才在德意志发挥重大影响。但是，在歌德生前（他去世于1832年），他在不列颠的同代人已经不得不面对工业化对社会的破坏性影响；那场工业化今天已经扩展到了全世界。它使得浪漫主义诗人相信，他们不能超然离群，只顾自我修养，而是应该发挥作家和诗人的功能，表达可能会因为商业化工业社会的发展而被摧毁的人类价值：

> 我们沉湎于尘世；过去与现在，
> 获取与花费，我们糟蹋自己的力量；
> 在属于我们的自然中，我们有目无睹；
> 我们抛弃了心灵，换来可耻的恩惠。

对于自然中的万事万物，华兹华斯宣称：

> ……我们失去和谐音调。
> 我们不为它所动。伟大的主！我宁愿
> 是从陈旧教条中吸吮养分的异教徒，
> 以便我，站在这怡人的草地上，可以
> 瞥到让自己不再如此凄凉的景象，
> 看到普罗透斯从海中升起，
> 或者听到古老的特里同吹响弯曲号角。[1]

在 1770 年至 1830 年这段非凡的时期，英格兰最具原创性的思想家是柯勒律治。他出生于 1772 年，去世于 1834 年，是一位命运多舛、混乱无序的天才。他和赫尔德一样兴趣广泛，并且将这些兴趣与伟大而不得志的诗人的敏感结合了起来。在柯勒律治和边沁去世后不久的 1838 年，约翰·斯图亚特·穆勒将二人称为"当时英格兰的两位创造性思想家"。在边沁那里，18 世纪理性主义的精神存续下来。至于柯勒律治，穆勒说他"体现了人类心灵对 18 世纪哲学的反抗"，让 19 世纪的人们见识到了在前人的哲学中完全无法想象的东西。"边沁的那种哲学，"穆勒写道，"……能够教会人组织和管理社会结构中纯商业的部分……它无法促进社

---

[1] 华兹华斯的这首诗首次发表于 1807 年。

会的精神利益；它本身对于促进物质利益也是不够的。"[1]

柯勒律治以及被他介绍到英格兰的那些德国思想家，他们的伟大功绩，如穆勒所言，在于首次走出边沁的这种哲学，并且"以唯一可能的形式，即历史哲学的形式，创造出一种社会哲学……一种贡献，所有阶级的思想家迄今为人类文化哲学所做的最大贡献"。[2]

穆勒认为，这种对他所谓"问题之问题……内向人之文化"的强调，是一种平衡及拓宽功利的理性主义传统的方法。柯勒律治会同意他的这种观点。尽管他的名字被等同于"想象"，但他并不认为仅靠对想象的培养就能催生真正有文化的心灵；想象必须与方法结合起来，方法意味着组织和归纳经验的能力。

就像歌德那样，柯勒律治有机地、整体地而非机械地看待思想、知识和社会。1829年，年轻的卡莱尔（1795—1881）写道：

> 如果我们必须要为我们的时代冠以某种称号，那么我们不禁想要称之为"机械时代"……相同的习惯不仅支配着我们行动的方式，还支配着我们思考和感受的方式。人们的头脑、心灵和双手都变得如机械一般。[3]

要克服这种将男性、女性和儿童视为工业经济系统一部分，仅仅在意他们作为事物、"工具"的机械功能而非将其作为人来评价的趋势，穆勒和柯勒律治都认为需要重视人的价值。在抨击剥削童工的做法时，柯勒律治谴责了那种自由放任的态度。那种态度认为贫穷和社会弊端仅仅是"一

---

[1] 穆勒论边沁的文章后面，还有一篇论述论柯勒律治的文章，两篇文章都在1840年发表在 *Westminster Review* 之上。剑桥大学出版社的 *Mill on Bentham and Coleridge* (1980) 重印了这两篇文章，由 F. R. 利维斯导读。此处穆勒对边沁的评论出自第一篇文章，见第40页和73页。

[2] 此处穆勒对柯勒律治的评论出自上述文献的第二篇文章，见第108、130、132页。

[3] Thomas Carlyle, *Signs of the Times* (1829), in *Collected Works*, v. II, p. 233.

台自我调节的机器通过排气管和安全阀排放出来的特别过剩的蒸汽"。[1]要怎么改变那种态度？柯勒律治给出了确切无疑的答案：一个新型的社会需要在更加普遍的基础上重铸教育观念。

7

我在上一节引用了约翰·斯图亚特·穆勒对柯勒律治的评价，这当然不是向读者介绍穆勒的常见方式。约翰·斯图亚特·穆勒（1806—1873）从小就在父亲詹姆斯·穆勒（1773—1836）的要求下，致力于继承边沁的衣钵，实现父亲和边沁奉献终身的那种改革方案——一种激进、理性的功利主义方案。在阅读了边沁的三卷本《立法理论》后，约翰·斯图亚特·穆勒在《自传》中写道：

> 我变成了另一个人。功利原则……将我对事物的观念统一起来。我此时有了想法；一种信条、一种学说、一种哲学……它的灌输和传播可以被当作人生的主要外在目标。我的面前出现了一个宏伟的构想，就是要通过那种学说改变人类的境况。[2]

穆勒并没有辜负父亲的期望。他的《逻辑体系》（1843）、《政治经济学原理》（1848）、《代议制政府》（1861）、《功利主义》（1863），以及他对孔德和实证主义学说的支持，确立了他作为哲学激进主义代表人物的地位。和他崇拜的托克维尔一样，他认为自己有义务进入议会。入选议会后，他在19世纪60年代推动了一系列激进的事业：议会改革（包括提倡比例代表制和女性选举权，后者让他非常不受欢迎）、对爱尔兰政府的

---

[1] S. T. Coleridge, *Lay Sermons*, ed. R. J. White (London 1972), p. 205.

[2] J. S. Mill, *Autobiography*, ed. H. J. Laski (Oxford 1924), p. 56.

严厉改革、一项全国教育法案、在大学中废除宗教考查——其中几项事业在1868年至1874年格莱斯顿的第一个首相任期内得以实施。他的刚正不阿不仅让他赢得了下议院的尊重，也赢得了工人阶级领袖的尊重。在1866年的改革议案骚乱中，伦敦可能出现严重的暴力活动，军队全部停止休假，此时穆勒是全国范围内享有权威说服群众不要采取极端行为的三个人之一，而且他也拥有承担这项重任的勇气。

但是，穆勒也有另外一面。他的这一面让他在20来岁严重抑郁时从华兹华斯的诗歌中寻找仅有的慰藉，也让他多次宣称自己的精神家园是古希腊——他为了评论乔治·格罗特关于柏拉图的书，重读了希腊语的《柏拉图全集》。他还对边沁式理性主义的重要对手做出了这样评论："柯勒律治对我的思想和人格的影响，很少有人能及。"[1]在其论述边沁和柯勒律治的文章中，穆勒所理解和表达的是人们需要将二人代表的真理放到共同的焦点之下，以便确立他们的互补性。从单一视角理解任何境况或问题的完整真相是不可能的。穆勒在心爱的哈莉特·泰勒的提示下，转而尖锐地批判孔德，因为他意识到孔德在实证主义体系中"设计了最完整的精神与尘世专制体系，这是人脑所能构想的极限，或许依纳爵·罗耀拉的大脑除外"[2]。

他的《论自由》出版于1859年，他坚持认为这部著作既源于自己的思想，也源于哈莉特·泰勒的思想。正是在《论自由》中，他将自己思想的不同方面归纳起来，形成了"他对人类交际的坚定理想"——按照他的传记作者所言，就是指"一个受苏格拉底精神影响的雅典式社会"。[3]这句评论体现了人文主义传统的大部分精髓。

在西方政治理论中，关于个体主张和社会本能主张之间平衡的争论经

---

[1] 迈克尔·圣约翰·帕克从1834年4月的一封信中转引，参见 The Life of John Stuart Mill (London 1954), p 83。

[2] Mill, *Autobiography*, p. 180.

[3] Packe, *op. cit.*, p. 400.

彩图 1

从公元前5世纪的阿里斯托芬到现代的查理·卓别林，各种形式的幽默无论在哪个时代都是人文主义传统中必不可少的部分。这幅公元前4世纪希腊陶瓶的装饰画就体现了一种幽默，它描绘了一名舞女和两名小丑在"迷狂与寻欢作乐之神"狄俄尼索斯面前表演滑稽戏

彩图 2

费德里科三世·达·蒙特费尔特罗与他年幼的儿子圭多巴尔多，在乌尔比诺的费德里科宫殿聆听一位人文主义学者（可能是米德尔堡的保罗）的演说。费德里科去费尔特雷的维多利诺在曼托瓦建立的学校里接受过教育，为自己作为雇佣兵指挥官的前途打下了基础，但是他热衷并且擅长学术和艺术，将贫穷、多山的乌尔比诺公国的宫廷变成了文艺复兴人文主义的光辉中心

彩图3

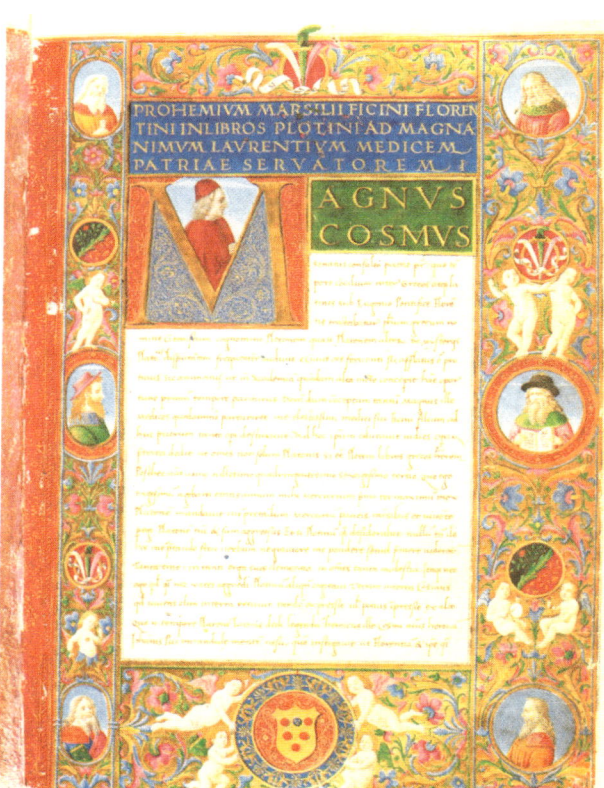

15世纪佛罗伦萨的一个嫁妆箱子镶板上的装饰画。波提切利、保罗·乌切洛、多纳泰罗等著名的佛罗伦萨艺术家受雇装饰这样的镶板,他们的装饰画经常采用古典的主题。这幅画展示的是公元70年韦帕芗皇帝及其子提图斯凯旋

彩图4

埃及亚历山大里亚的新柏拉图主义哲学家普罗提诺(204—270)著有《九章集》,此图为斐奇诺所译《九章集》的扉页,献给洛伦佐·德·美第奇。普罗提诺的希腊语文本在15世纪被重新发现,而已经为科西莫·德·美第奇将柏拉图对话录译为拉丁语的斐奇诺,受科西莫之孙洛伦佐委托,翻译了普罗提诺这位最重要的柏拉图阐释者的作品

彩图 5

小汉斯·荷尔拜因 1533 年在伦敦创作的《大使》。画中的两位法兰西大使是让·德·丁特维尔和乔治·德·塞尔维，架子上的物件体现了人文主义者对地理、数学、天文和音乐的独特关注。前景是一个扭曲的死人头骨，据说它既提醒了人终将死亡，又暗含了小汉斯·荷尔拜因的名字，因为这个名字本意为"头骨"

6 7

彩图 6—7

个人画像，包括艺术家的自画像，是文艺复兴对人文主义传统最显著的贡献之一。彩图6：丢勒和小汉斯·荷尔拜因都画过伊拉斯谟；国王学院礼拜堂里圣路加的画像，长期以来被误认为是伊拉斯谟在剑桥时期（1511—1514）的画像。彩图7：拉斐尔创作的佛罗伦萨艺术赞助人阿尼奥罗·多尼的肖像

彩图 8

丢勒在 1500 年扮成基督的自画像，按潘诺夫斯基的说法，"它所表达的，不是丢勒自称是谁，而是他必须谦卑地努力成为谁：要成为领受了一种天赋的人，这种天赋既暗含悲剧，又暗含荣耀，'像上帝一样'"

彩图 9

伦勃朗在 17 世纪创作了一系列无与伦比的自画像。这幅自画像创作于 17 世纪 50 年代后期

彩图 10

弗拉戈纳尔创作的狄德罗画像。狄德罗在当时因为编辑《百科全书》而闻名，现在被许多现代批评家视为启蒙运动时期法兰西最具独创性的思想家、法兰西知识分子的原型，为哲学、心理学和伦理学，为戏剧和美学理论，为文学批评和小说（他的小说《拉摩的侄儿》深刻影响了歌德和弗洛伊德），以及为科学研究和政治做出了诸多贡献

彩图 11

庭园的设计和装饰也是人文主义艺术之一，可以追溯至文艺复兴时期。20世纪，有多种旨在取悦社会精英的艺术表现形式成功地被各个阶层的数百万人民用于教育和享受，而庭园艺术就是其中之一。在18世纪40年代初为银行家亨利·霍尔设计建造的斯托海德园，或许是18世纪英格兰最精致的庭园。亨利·霍尔将维吉尔描绘的古代风景的所有元素集合起来，利用若干所谓的"建筑事件"来衬托。在这些"建筑事件"中，亨利·福利克洛福特的新古典主义万神殿（见图中的湖对面）最为重要

彩图 12

这幅画描绘了一个陈列珍奇科学物件的房间，由雅克·德·拉茹在1734年绘制，位于约瑟夫·博尼耶·德·拉·莫松在巴黎的吕德宅邸。画所在的门头饰板属于一间陈列贝壳和其他标本、建筑和工学模型以及科学仪器的收藏室。这样的收藏室在18世纪很流行，拉茹作画时从其中最有名的一间选取了特色物品

彩图 13

贺加斯在 18 世纪 50 年代创作的佣人们的肖像。贺加斯反对"庄重风格"和"书中那些吹捧者所谓的'历史绘画的宏伟风格'"。他乐于从日常生活与时人中寻找绘画主题,不加装饰,自然地展现人性。

14

彩图 14
新国家的诞生。美国的《独立宣言》(1776年7月)是历史上第一份由代议机构宣布、主张人民有权选择自己的政府的正式声明。约翰·特朗布尔这幅画展现的是由杰斐逊(富兰克林在他左侧)领导的起草委员会将《独立宣言》递交给美国大陆会议的场景

彩图 15
尤拉特·德·贝尔特里创作的法国大革命寓意画。画中的卢梭是法国大革命的精神之父,掌管着下方的真理之眼、三色旗、平等方尖碑、革命美德纪念碑(由若干木棍和一把斧头组成的束棒,象征着罗马共和国,其上方罩着一顶红色的自由帽)、自由树,以及两根未建完的"重生"柱

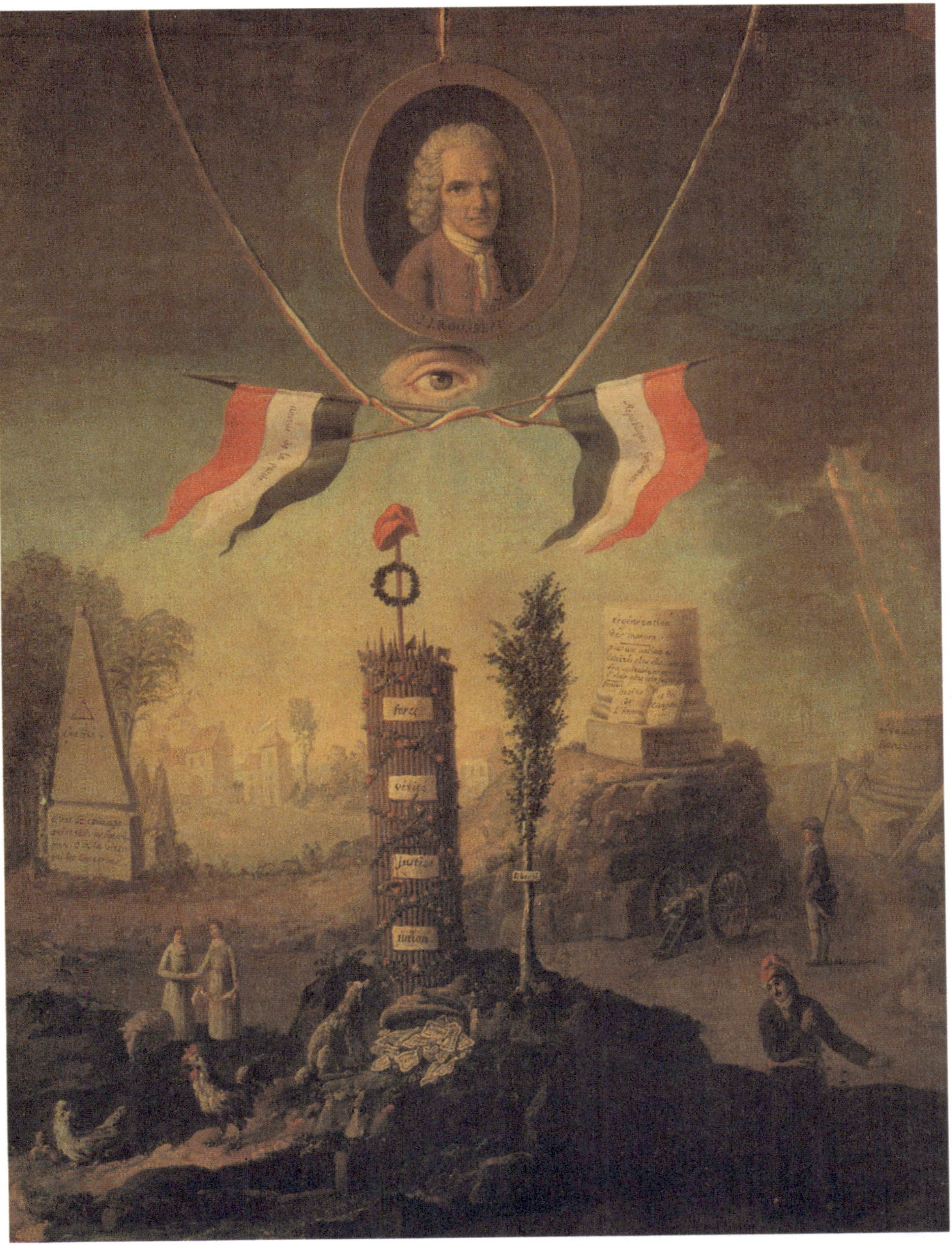

15

彩图 16

歌德在坎帕尼亚的画像,由提施贝因在同歌德一起游历意大利期间（1786—1788）创作。歌德在将近 40 岁时的意大利之旅,是他天才人生中的转折点

彩图 17

柯勒律治 32 岁的肖像,由詹姆斯·诺思科特在 1804 年创作。穆勒称柯勒律治是当时仅有的两位最具原创性的思想家之一,这种观点在 20 世纪得到了支持,因为不仅柯勒律治的诗歌重新得到赏识,他的批评和哲学思想也得到全面的发掘

彩图 18

《科尼斯顿丘原的早晨》展现的是英格兰湖区的景色。这是透纳早期的风景画之一,展出时间是 1798 年。正是在这一年,华兹华斯和柯勒律治合著出版了《抒情歌谣集》。浪漫主义时期的艺术家和作家着迷于人对自然的反应,透纳的作品就说明了这种着迷。按照罗斯金的说法,透纳是最伟大的风景画家

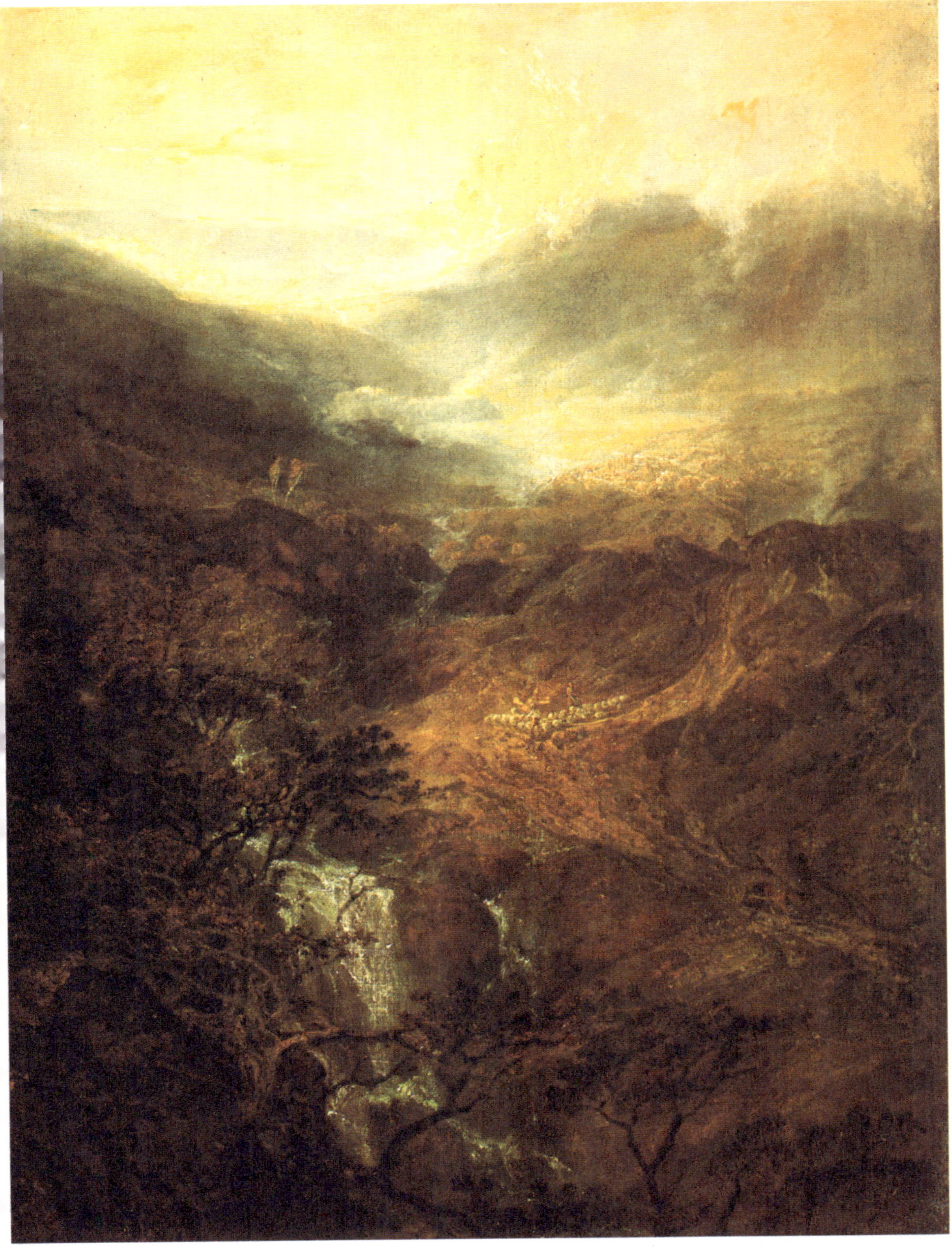

彩图 19

希腊人反抗土耳其人统治的解放斗争,因为独特地结合了与古希腊罗马、浪漫主义以及民族主义的联系,所以在西欧激起了巨大的热情。1824 年,拜伦在迈索隆吉翁尝试组织军队的过程中去世。迈索隆吉翁最终被占领后,德拉克洛瓦创作了寓意画《迈索隆吉翁废墟上的希腊》

彩图 20

1848 年以"革命之年"著称。这场将社会不满与政治诉求结合起来的革命动乱始于西西里,传遍了整个欧洲。在巴黎,路易·菲利普一世于 2 月退位,但是新上台的共和政府不得不在 6 月面对工人的起义。尼古拉斯·爱德华·加布的画作描绘了巴黎革命者在 6 月 21 日进攻先贤祠,起义后来遭到武力镇压

彩图 21
弗雷德里克·巴齐耶（1841—1870）在 1867 年创作的《家庭聚会》，刻画了 19 世纪的布尔乔亚家庭。这种家庭是当时欧洲中产阶级社会的核心组织形式，每个先锋作家或革命派都会将其作为攻击目标。巴齐耶是雷诺阿、莫奈和马奈的友人。他是一位前途光明的画家，却在普法战争的军事行动中丧生，去世时还未满 30 岁

以下是对"现代艺术在人文主义传统中是否有一席之地?"这一问题的四个答案:

彩图 22
保罗·克利笔下结合了幻想和机智的精致世界:《少女的冒险》

彩图 23
马蒂斯驾驭色彩的技艺:《国王的悲伤》。这幅画使用水彩涂色纸剪贴而成,灵感来源为《圣经》中大卫王在扫罗面前弹琴的故事。1952 年创作此画时,马蒂斯已经 80 多岁,卧病在床,无法提笔,但他仍然能用彩纸剪出不同形状,将它们拼接成画——他称之为"用剪刀绘画"。这种创作体现了他蔑视身体的病痛,最后一次爆发出创新的活力

24

彩图 24

毕加索的系列画作《宫女》之一。该系列是对传统主题的演绎，以委拉斯凯兹在1656年创作的同名画作为基础。毕加索特别崇拜委拉斯凯兹的《宫女》，以这幅画为出发点，全面表现了他在其中获得的超现实主义意向和联想，既扩展和探索了原作的可能变化，又没有失去与原作的联系

彩图 25

芭芭拉·赫普沃斯的铜塑《两种形态（分裂的圆）》。她的雕塑深受她在自然中发现的形状的影响。为了强调这种联系，她在位于圣艾夫斯的家里建造花园，将包括这座雕塑在内的20多座雕塑放在花园中

25

彩图 26
由阿纳·雅各布森设计,于 1964 年落成的牛津大学圣凯瑟琳学院。它的引人注目之处在于结合了现代建筑形式与牛津学院的人文精神及传统特征。佩夫斯纳的评论见本书 154 页的注释

彩图 27
一代代移民像这样从海上遥望纽约市。没有任何别的城市的天际线可以如此强有力地体现人类在 20 世纪取得的普罗米修斯式成就和遭受的巨大苦难

久不息。穆勒在这场争论中辩称，自由对个人而言必不可少，对社会的健康而言也同样不可或缺。"人类的前途取决于原创思想的力量，取决于个人重新发现古老真理，取决于创造新的真理。"[1] 危险在于不宽容，在于多数人想要强制实施统一，还在于国家权力被用来确保这种统一。

在《论自由》的那段伟大结束语中，穆勒指出了他认为任何社会都不敢忘记的根本性真理：

> 国家的价值，从长远来看，是构成这个国家的所有个人的价值；一个国家……为了使人民成为国家手中更易控制的工具（即使是出于有益的目的），从而矮化人民，那么它就会发现，弱小的人民无法成就伟大的事业；它还会发现，那台通过牺牲一切来完善的机器，最终将因缺乏活力（为了让机器更顺畅地运转，国家宁可抹杀这种活力）而毫无效用。[2]

与托克维尔一样，穆勒也并未乐观地认为自己的话语会被时人倾听，但是他相信，当人们对那种在他看来正在涌起的集体主义潮流感到倦怠和失望时，他尝试在其论著中指出的那些真理就会展现出真正的价值。"而且，"他在《自传》中补充道，"恐怕它们会长时间保有那种价值。"[3]

8

走在大都会艺术博物馆的现代欧洲绘画展厅里，我再次震撼于19世纪后期的法兰西画家——马奈、德加、莫奈、雷诺阿——所描绘的中产

---

[1] 帕克此处的总结很到位，参见 Packe, *ibid*., p. 402。
[2] J. S. Mill, *On Liberty*, ed. R. B. MaCallum (Oxford 1946), p. 104.
[3] Mill, *Autobiography*, p. 216.

图 3.12
19 世纪的技术：1861年克虏伯公司在埃森安装的巨大蒸汽锤

阶级世界那种生动、鲜明的图景。它可以与文艺复兴时期画家所描绘的佛罗伦萨或威尼斯社会的图景相媲美。在 19 世纪的小说中，一系列目光敏锐的作家，从狄更斯、夏洛蒂·勃朗特、萨克雷、巴尔扎克和福楼拜，到特奥多尔·冯塔纳、左拉、亨利·詹姆斯、马塞尔·普鲁斯特，都对这个中产阶级社会做过更深入的观察。就像 20 世纪的电影那样，小说是 19 世纪的新颖产物，也以同样的方式反映了人与人、人与家庭、人与社会环境之间的关系。它在人文主义传统中占有重要位置，因为它就像莎士比亚的戏剧在 16 世纪末期那样，提供了大量能够说明人类处境——巴尔扎克所谓的"人间喜剧"——的证据。

它们呈现的大多都是丑陋而令人沮丧的画面——人类被幻象蒙蔽双眼；被激情主宰，甚至经常被激情摧毁；相互以及自我憎恨；心胸狭窄；即使在追求私利时也很愚蠢，或者沉溺于奇怪的幻想。但是，一连串缺乏希望的人类经验与人类在自信、忍耐、高贵、仁爱、才智、同情和勇气方面能够达到的高度形成了对比，这种对比就位于人文主义传统的核心。如果强调人有潜力变得高贵、良善或伟大，但是忽视我们大多数人其实是分裂的生物，极少能够充分发挥潜力，那么这样的人文主义就是肤浅的、不合情理的。在十四五世纪首次对人类尊严和创造力表达出热情的那些意大利人，也和其他人一样知晓那些可见于自己所生活城市的每条街道上的邪恶、痛苦与精神的贫乏。但是，他们相信人能够克服自己的处境，能够征服命运，而承认这点便是战胜处境和命运的第一步，并且人类生活里重复出现的戏剧性和趣味就存在于这种可能性之中。这些伟大的小说家和剧作家在人文主义传统中扮演的角色，就是生动地提醒我们关注上面说的对比和可能性。

我选择乔治·艾略特（1819—1880，原名玛丽·安·伊万斯）来代表这种角色，部分是因为我们应该将女性包括在内，部分是因为她除了具有小说家的天赋以外，还特别关注当时的智识和道德问题，并且就这些议题为《威斯敏斯特评论》写作文章。

她从小接受福音派基督徒的教育，也有19世纪的那种典型经历：在看到《圣经》的根本、独特真理因为德国历史批判研究而不再值得信任时，她震惊地丢掉了信仰。没人能够比她更了解法兰西和德意志思想的最新进展。正是她最先翻译了大卫·施特劳斯的《耶稣传》和费尔巴哈的《基督教的本质》，前者以神话和象征性阐释取代对早期基督教的字面阐释，后者则宣扬另一种人道教。费尔巴哈写道："我的第一考虑是上帝，第二考虑是理性，第三也是最后的考虑是人。"[1]

费尔巴哈（1804—1872）接受了上帝的传统特征，即仁爱、智慧和公正，并且认为现实是人类有潜力实现这些特征，而人类将这种潜力投射到一个神话性的上帝身上，却没有认识到他们归给神的智慧是他们在彼此关系中能够实现的。乔治·艾略特终生信奉这种观念。在1874年12月的一封信中，她写道：

---

[1] 转引自 Basil Willey, *Nineteenth Century Studies* (London 1949), p. 230。

如果缺少了这个结论，我就不可能愿意书写任何体现人类生活的作品。这个结论便是，人与人之间的友情，作为社会和道德进步的原则，并不取决于对非人的存在的理解；以及，上帝的观念……是一种对全然属于人类的善的理想（即人类的提升）。[1]

但是，乔治·艾略特不仅是一位真诚、进步的19世纪知识分子，她还是一位能够写出《米德尔马契》的伟大小说家，拥有伟大小说家的那种想象性的同情。想象性的同情让她能够以一种不同的方式，做到穆勒过去一直尝试去做的事情，那就是将19世纪英格兰的两股思潮结合起来，即边沁那种理性的功利主义思潮与柯勒律治那种有关于想象力的思潮；前者站在外部检验所有公认的观念，后者则尝试从内部去发现这些观念的内在真实。

乔治·艾略特将第二股思潮用作了自己小说艺术的诀窍。借助这种思潮，她能够洞察宗教信仰和宗教经历在他人生活中的力量，即使她本人并没有相同的信仰和经历——《亚当·比德》中的卫斯理宗传道人汀娜·肖尔便是例子。

1859年，也就是穆勒的《论自由》和她自己的《亚当·比德》出版的那年，乔治·艾略特给朋友写信道：

如果艺术不分析人的同情心，那么它在道德上就没有什么作用……观点难以稳固地凝聚人类的灵魂。我只热切地希望自己的作品产生一种效果，就是让读者更有能力去想象和感受其他人的苦与乐；除了同为挣扎、犯错的人类这个宽泛事实以外，那些人在各个方面都与他们不同。[2]

---

[1] *George Eliot's Life, as Related in Her Letters and Journals*, ed. J. W. Cross, 3 vols (Edinburgh 1885), v. III, p. 245.

[2] 这封信的日期为7月5日，参见 Cross, *op. cit.*, v. II, p. 118。

图 3.13
大众教育：1853 年伦敦的布鲁克街的贫民和工人子弟学校

9

我要从马修·阿诺德（1822—1888）开始讲最后一批维多利亚时代的批评家。莱昂内尔·特里林在 20 世纪中叶称阿诺德是"我们这个时代人文主义传统在英国和美国的伟大传承者和传播者"。

莱昂内尔·特里林本人也属于人文主义传统，所以有必要引述他对人文主义的定义：

> 我们把它视为这样一些人所持有的态度，这些人认为生活在社会（尤其是复杂和高度发达的社会）中是一种优势，相信人能够在这种环境中实现其本性，达到应有的高度。人文主义看重的个人美德是才智、友爱和宽容；它呼吁的是在支持这些美德时经历的那种勇气。它最重视的才智品质是节制和灵活——它希望心灵，按照阿诺德所

推崇的蒙田的说法,是"波动和多样的"。[1]

任何人阅读阿诺德的作品都一定会注意到,他诗歌中表现的那种孤独及怀旧感伤,与他文章中表达的那种参与讨论时下最具争议话题的才思和意愿——例如,他将卡莱尔描述为"一个道德暴徒",以及他将英格兰社会分类为原始人(贵族)、庸俗人(中产阶级)和平民——这二者之间存在着对比。他说自己

> 徘徊于两个世界之间,一个已死,
> 另一个无力诞生。[2]

但是,他对旧世界的同情并未阻碍他致力于为新世界接生。他相信,文学的功能是充当一种对生活的批判,是在人类身上培养追求完美的激情,即"行动、帮助和慈善的冲动,清除人类差错、理清人类迷惑和减弱人类痛苦的愿望,让世界变得比原来更好、更幸福的高尚志向"。他将这视为文化的"主要和突出部分"。[3]

这些语句出自他最著名的论著《文化与无政府状态》。该著作出版于1869年,正值不列颠那场民众骚动(书名中的"无政府状态"的由来)的最后时刻——穆勒曾经协助平息这场骚动,而扩大了选举权的《1867年改革法案》就是因这场骚动而产生的。阿诺德对"那种受我们尊崇的机械和物质文明"与文化进行了区分。"对机械的信仰荒唐地偏离了机械应有的作用……就好像机械本身具有以及对自己具有价值一样",而文化

---

[1] 参见他编辑的 *The Portable Matthew Arnold* 的导言, Viking Press (New York 1949), pp. 3–4。
[2] 诗句引自 'The Grande Chartreuse', *ibid.*, p. 151。
[3] *Ibid.*, p. 473.

> 认为人类的完美在于成为某种人，而不在于拥有某种事物，在于一种内在的心灵和精神境况，而不在于一系列外部的环境……在于让我们真正的人性（区别于我们的兽性）得以成长和主导……在于扩展那些造就人性特有之尊严、富裕和幸福的思想和感情天赋。

就像歌德那样，阿诺德也将这种理想与希腊人，以及源自希腊人、在人文主义传统中得到发挥的人文性概念联系起来。这种理想对"机械化和外在性程度比希腊和罗马文明高得多且不断趋于更高"[1]的现代文明而言尤其重要。

阿诺德认为，如果我们要延续这种传统，那么就必须让此时英格兰社会中最具影响力的中产阶级相信它体现的那些价值。他在不信奉国教的学校担任督学30年，所以熟悉各个非国教教派的狭隘、自以为是的观点，将这些观点抨击为当时盛行的唯物主义哲学的宗教版本。清教传统的长处——阿诺德并没有尝试否认这种长处——在于对希伯来主义的掌握，而这种希伯来主义也就是行为举止中的道德原则，不信奉国教者的良知，被格莱斯顿等自由派领袖视为不列颠政治中最强大的力量之一来利用。非国教徒缺乏并且需要弥补的是一种同样的对文化的赞赏，是那种被阿诺德称为希腊主义的对完美的追求。

阿诺德认为做到这点的关键是将教育从教会的手里夺过来，建立一个可以让俗人有教养、让中产和工人阶级接触"世界最佳思想和知识"的全国性中等教育体系。英格兰在教育条件方面比欧洲大陆落后多远，他比时人清楚得多。在《欧洲大陆的学校和大学》（1868）中，他表示自己钦佩洪堡在普鲁士的改革，并讨论了拿破仑在法国大革命的基础上建立的全国性中学体系，以及高等师范学院、综合理工学院和其他大学校等有影响力的高等教育机构，给法兰西留下了什么。英格兰花了100年才开始效仿这

---

1 *Ibid.*, p. 476–479.

种体系。深陷于不信奉国教者、天主教和安立甘宗之间的利益纠葛，英国直到1902年才通过莫兰特的法案[1]创建了一个全国性的中等教育体系，但这个体系至今仍然未能将有威望的独立学校纳入其中——这种社会分裂让英国付出了沉重的代价。

阿诺德认为，"道德理想支配着国家的存续和衰落"，以及正如他对一位美国听众所言，"在这样一个全新、巨大、强力、商业活跃、完全自由和平等的民主社会里"，危险在于纪律的缺席，在于冷漠无情和物质主义，而且最重要的是"群众当权，社会却没有恰当的理想来提升或引导群众"。[2]

约翰·罗斯金（1819—1900）和阿诺德一样，严厉地批评了19世纪文明的丑陋以及它对美的忽视。他乐于比阿诺德走得更远，认为这种结果并非源自有缺陷的教育，而是源自资本主义社会的组织原则，也就是偏颇地关注财富的生产，却对人的培养漠不关心。他认为，分工这种说法并不恰当，"严格说来，被划分的不是工作，而是人——人被划分成纯粹的碎片，被打破成生活的细小裂片和碎屑"。[3]价值、财富和劳动必须被从供应法则的管辖中移除，与完全不同的、有机的社会原则关联起来。在《留给这个后来者》（1862）中，他果断地将这些社会原则与社会主义等同起来。

威廉·莫里斯（1834—1896）进一步发展了罗斯金的论点：

> 除想要产出美丽的事物以外，我人生的主要激情是对现代文明的憎恶……关于它对机械力量的掌控和浪费……它那令生活充满苦难的惊人体系，我应该说什么？……它是否会在煤渣堆顶部的会计

---

1 R. L. 莫兰特（后来成为罗伯特爵士）是起草1902年那项法案的教育委员会的官员。那项法案废除了英格兰和威尔士的学校理事会体制，让郡议会和郡级市议会负责小学与中学教育。它由 A. J. 贝尔福的保守党政府实施，遭到了非国教教派的激烈反对。
2 转引自 Basil Willey, *op. cit.*, p. 261。
3 John Ruskin, *The Stones of Venice*, v. II, ch. 6, 'The Nature of Gothic', pp. 163–165, 1899版。

室里彻底终结……观赏的愉悦被从世界上剥夺，荷马的地位被赫胥黎取代？[1]

莫里斯赞同罗斯金的观点，即不彻底改革社会，艺术就不能复兴，但是他不相信这种复兴能够通过向无法自我重生的主流中产阶级布道来实现。它需要一场社会革命，而要想实现社会革命，唯一的办法是说服工人阶级，让他们认识到自己正"面对一个虚假的社会，只有他们自己才可能构成一个真实的社会"。[2]

到1900年，乔治·艾略特和马修·阿诺德那个维多利亚时代中期的庄严世界已经面目全非。尽管罗斯金和莫里斯都将在20世纪重新受人关注，但是在19世纪晚期的英国，他们就是旷野上的呼声。从表面上看，西方文明在1914年战争之前的40年里的自信程度高得前所未有。西方资本主义在经济上征服了世界，随之而来的是帝国主义强国对手之间的政治分裂，以及那种认为白人具有优越性的刺耳主张。数据支持了那些宣传家的主张。但是，1870年至1900年之间的变革出现了质量及数量上的飞跃，这让1900年代的世界——弗洛伊德、爱因斯坦、毕加索和列宁已经在其中揭开未来的序幕——更接近20世纪中叶，而远离19世纪中叶。

1914年之前的那代人必须面对人类经验中前所未有的东西，即一个大众社会已经（而非即将）因人口增长而产生，并且已经被需要用来管理和控制这个社会的工业化、城市化和大规模组织（无论是国家、政党或公司）的经验塑造。到了1900年代，选举权范围和基础教育的扩大让马修·阿诺德那种"群众当权"的设想有了实质性内容。掌权的群众特别容易被政客操纵，被那些以利用群众喜好和偏见为目标的大众媒体也就是流

---

[1] William Morns, 'How I Became a Socialist', reprinted in the Nonesuch Morris, ed. G. D. H. Cole (1948), pp. 657–658.

[2] 'Communism', *ibid.*, p. 663.

行报刊操纵。群众的偏见包括激进的民族主义和种族主义，还包括革命分子、无政府主义者，以及尼采、巴雷斯、索雷尔和列宁等知识分子共有的对暴力的日益着迷。这些偏见在群众对反犹主义、帝国和海军扩张，以及殖民地战争的支持中得到大范围的体现，而年轻的独裁者阿道夫·希特勒1914年以前在维也纳和慕尼黑吸收的也正是这种大众文化。

人文主义传统在这个新世界中位于何处？

一个显而易见的答案便是自由主义在创造这个新世界中所扮演的关键角色。例如，我之前提到的数据显示，工业、贸易和财富都有巨大的增长，增长范围之大和持续时间之长是前所未有的，甚至令人难以置信。波动确实存在，但是在1870年至1900年这段时间里，世界工业产量整体上增长了近四倍；在19世纪70年代中期过后的30年里，世界贸易量增长了两倍；仅仅在1898年至1913年这段时间里，数值就翻了一番。自由贸易不再无人质疑；世界上出现了支持贸易保护主义的强烈反动态度。然而，由亚当·斯密最先阐述、由约翰·斯图亚特·穆勒重申、由阿尔弗雷德·马歇尔在1890年赋予其最终形态[1]的经济自由主义，它在释放人类活力（这是经济成就的基础）中扮演的角色并未因此被贬低。

与物质进步相匹配的是政治进步。到了19世纪末，立宪政府和议会制度在整个西方世界得以建立，更民主的选举权也继续得到扩张。德意志和意大利的统一，巴尔干地区土耳其帝国的分裂和新国家的建立，奥匈帝国被迫向治下民族做的那些妥协，都代表了民族性原则取得的成功。自由主义党派在国家世俗化，让教育脱离教会控制的运动中也取得了类似的成功——在法国，这类运动的高潮是德雷福斯事件中激进派的获胜，耶稣会和其他教育修会遭到驱逐，以及1905年立法实现政教分离。

1　*The Wealth of Nations* (1778); J. S. Mill's *Principles of Political Economy* (1848); Alfred Marshall's *Principles of Economics*, 2nd edn. (1890).

合起来看，这些成就足以说明，我们有理由接受将1870年至1914年称为自由主义巅峰（人文主义传统对此贡献巨大）的常见说法。但是，"巅峰"这个说法还暗示，自由主义在抵达顶峰后，便失去了它成长的力量和势头。一个迹象便是自由主义党派在面对贸易保护主义、社会主义和帝国主义这些新问题时出现了分歧和犹疑。自由主义观念也面临同样的状况。它们传播广泛，信奉者对它们习以为常，不予重视，导致它们失去了原创性，僵化为教条，几乎无法吸引新一代的人。

通过边沁、哲学激进主义者和孔德之口自称是启蒙运动继承者的理性、功利的实证主义传统，也出现了同样的情况。它在公众评价中的地位仍然很高，自然科学的成功以及政治经济学未受挑战的"法则"都为它提供了支持。赫伯特·斯宾塞从达尔文那里获得灵感，终其一生都在致力于阐释为什么要相信理性进步，相信支撑理性进步的科学方法是普遍有效的。他在1896年完成了10卷本的《综合哲学》。现代统计学奠基人之一卡尔·皮尔逊（1857—1936）称："全部的精神和生物现象，即整个宇宙，就是现代科学的领域。科学方法是通往整个知识领域的唯一大门。"[1] 伊波利特·丹纳（1828—1893）则着手证明如何将科学方法应用至文化领域，用于研究文学、艺术和哲学。他声称，文学、艺术和哲学是社会的产物，依靠的几乎不是个人的才能或意志，而更多的是非个人的制约因素的结合："种族"，即作家的生理和心理遗传特征；"环境"，即作家所处的地理、社会和政治环境；以及"时代"，即作家所处的历史环境。

在19世纪的最后几年里，恩斯特·海克尔（1834—1919）出版了《宇宙之谜》。这本书是史上最成功的科普作品之一，在整个西方世界销售了数十万册。它将实证主义观点总结为海克尔所谓的"全面的哲学体系"，解答了那些自希腊以来就让人类困惑的谜题。1906年，他将自己的

---

[1] *The Grammar of Science* (1892), p. 24.

"一元论"哲学描述为这样一种信念：

> 一种巨大、统一、持续和永恒的发展过程存在于整个自然界之中；所有自然现象，从天体的运动和滚石的坠落，到植物的生长和人类的意识，无一例外都服从伟大的因果法则；万事万物或许归根结底都与原子力学相关。[1]

这种对科学的实证主义信念，以及它支撑的对进步的信仰，已经与狄德罗或休谟那种对理性的批判性和开放性运用相去甚远。理性主义打破了宗教和教会对人类心灵的完全控制，但它本身也成为一种教条式的意识形态，和教会一样拒不审视自己的假设，也并没有比教会更能容忍异见。正是这种不容忍使得穆勒转而抨击它，将它视为一种专制体系。[2]

对于那种认为19世纪实证主义代表了人文主义传统的说法，我的赞同并不比穆勒更多。但是，我认为在叙述人文主义传统时，必须将实证主义包括在内。原因有以下两个：第一个原因在于它所引发的对未来的信心。19世纪晚期和20世纪初期的观察家或许会赞同，这种信心是将战前和战后世界区分开来的最重要的特征。如果可以在19世纪最初10年的工业化国家开展一次民意调查，那么很可能大多数人都会说自己相信人类在物质和社会上将继续进步——显著的经济发展、乡村社会向城市社会的日益转变、白人至上观念向全世界的扩展，以及因科学被用于驾驭自然而出现的无限前景，它们在人们心灵上施加的魔咒依然那么强大。

第二个原因则迥然不同，那就是进步信念的脆弱，以及人文主义传统在第一次世界大战、20世纪30年代大萧条和法西斯主义崛起的共同作用之下崩塌所产生的后果。在这些情况发生时，不仅人们失去了对进步的信心，还有许多人经历了痛苦的幻灭，彻底抛弃了自由主义及其人文主义渊

---

[1] 转引自 Michael Biddiss, *The Age of the Masses* (Harmondsworth 1977), p. 52。

[2] *Ibid.*, p. 106.

源。他们认为这些东西曾经激励过他们,后来却辜负了他们寄予的厚望。

我必须换一种方式来提出问题。既然我们知道1914年之后的情况,那我们是否能够在这个时间之前找到任何迹象来说明人文主义传统在朝新方向发展,进而能够在自由主义的式微中存活下来?

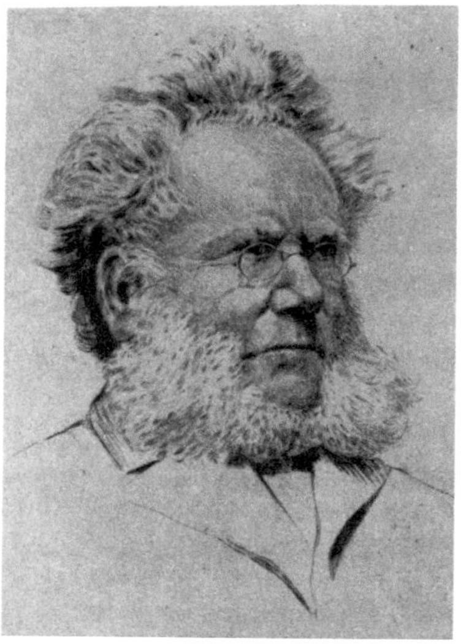
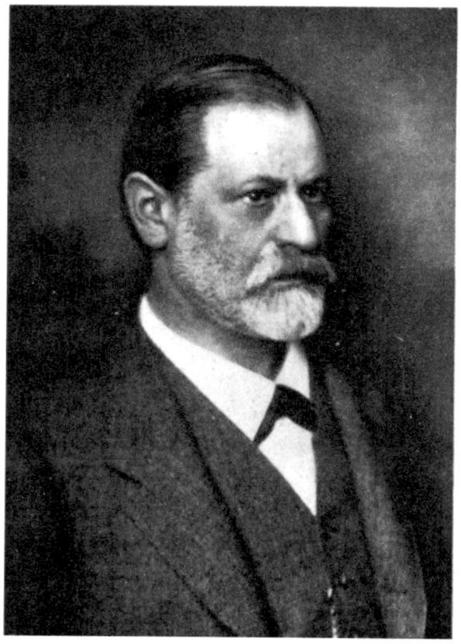
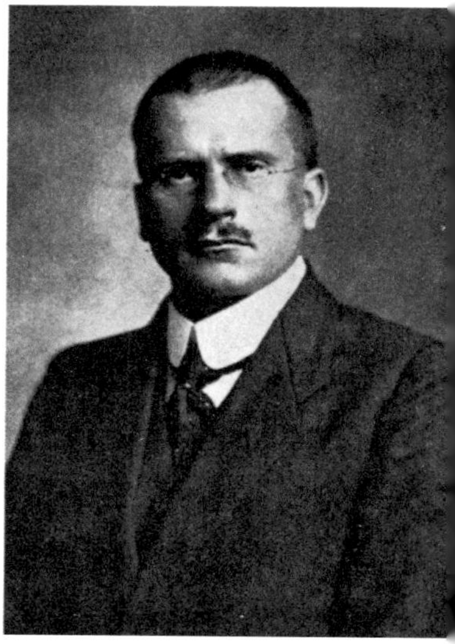
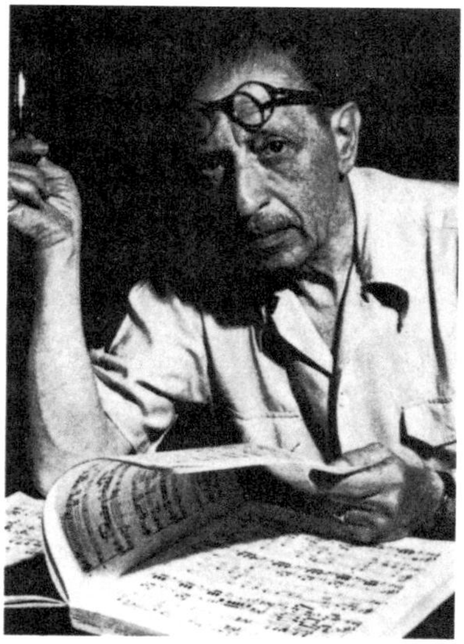
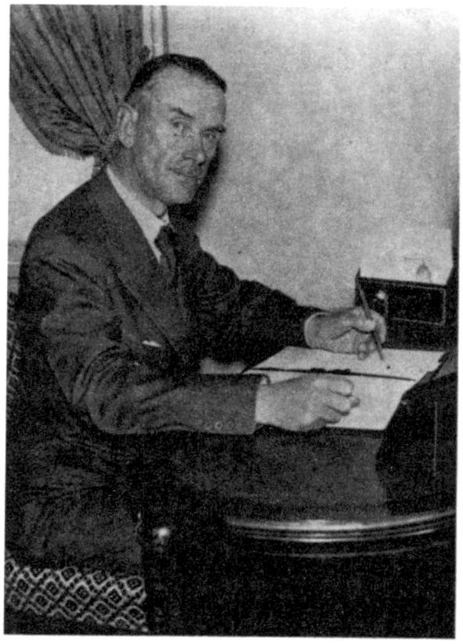
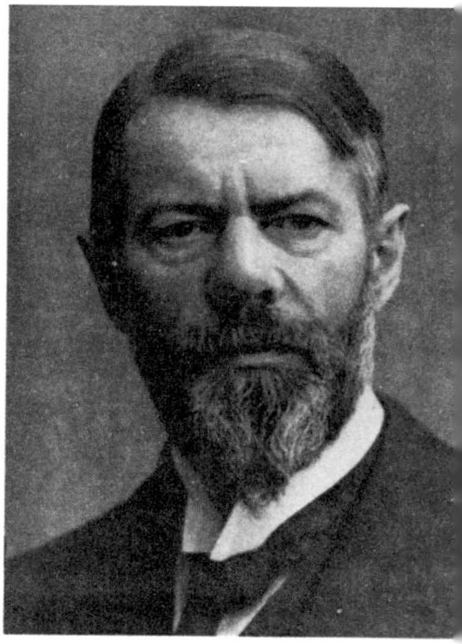
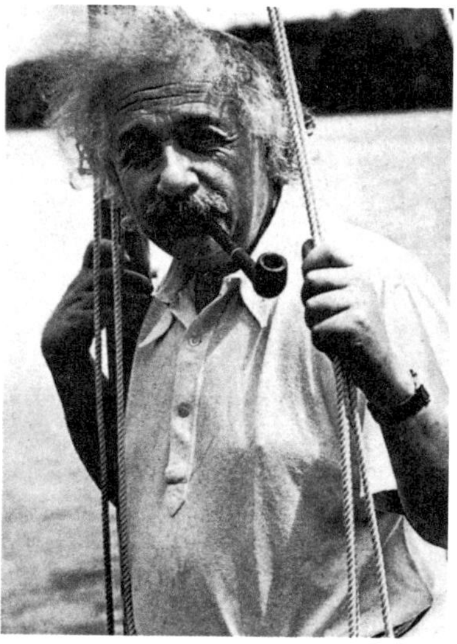
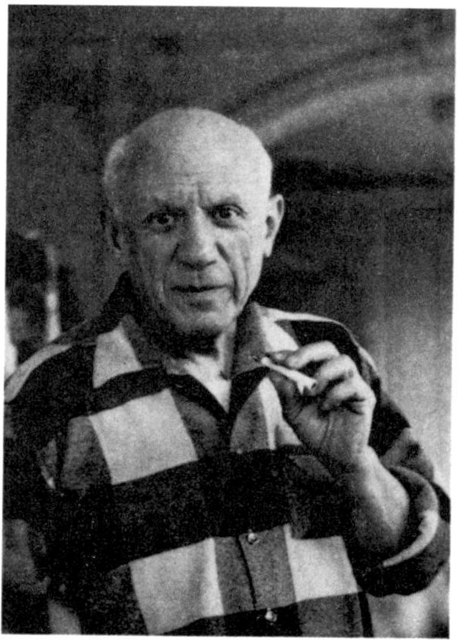
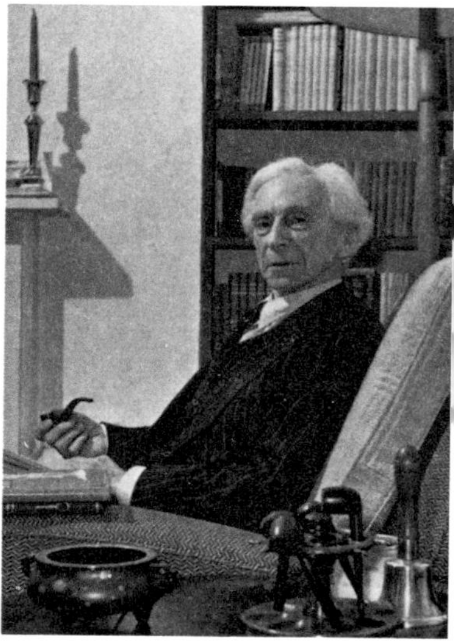

第四章

20 世纪：朝向新的人文主义

I

我绝不会忘记，在发现西方文明从 19 世纪向 20 世纪的过渡并非像我从小认为的那样始于 1914 年的战争爆发，而是始于 19 世纪晚期和 20 世纪最初几年时，我在思想上有多么兴奋。[1]

我们可以把 1883 年视为起点，这一年丹麦批评家格奥尔格·勃兰兑斯（1842—1927）出版了文集《现代突破时期的人们》。勃兰兑斯使用的"现代"一词立即流行起来。在德意志、北欧和中欧，一场从 19 世纪 80 年代持续至 20 世纪最初 10 年的激烈争论，围绕"现代"意味着什么以及应该支持还是反对它而进行，"现代"一词成为一种富有号召力的口号。在巴黎、伦敦和纽约，"现代时期"开始得晚一些。弗吉尼亚·伍尔

---

[1] 毫无疑问，就像每代人必须做的那样，我们正在亲自重新认识在父辈看来显而易见的事情，但是 20 世纪 60 年代早期我在伦敦就"20 世纪始于何时？"这个话题所做的讲座，对非专业听众而言足够新颖，以致《泰晤士报》专门写了一篇关于它的社论，英国广播公司也将它作为系列节目《极端年代：1900—1914》的开篇。这次讲座的内容最后出现在《鹈鹕现代文学导读》系列图书中，被收录在由马尔科姆·布雷德伯里和詹姆斯·麦克法兰编辑、在 1976 年首次出版的《现代主义：1890—1930》中，题目为《双重形象》。当然，其他历史学家和批评家也差不多在同时有相同的发现。

图 4.1
左页图第一排为易卜生、弗洛伊德、荣格，第二排为斯特拉文斯基、托马斯·曼、马克斯·韦伯，第三排为爱因斯坦、毕加索、罗素（自左至右）

夫(1882—1941)特别夸张地写道：

> 在1910年12月，或者在这个月前后，人类本性发生了变化……人类的所有关系，主仆之间、夫妻之间以及亲子之间的关系，都有了变化。当人类的关系改变时，宗教、行为、政治和文学中也出现了变化。[1]

她所说的那个时间是有争议的（在我看来，1910年太晚，20世纪最初10年才是激进的10年），但是她对实际情况的描述是正确的。

勃兰兑斯的作品被人铭记，还有另外一个原因。其中那篇论亨里克·易卜生（1828—1906）的文章，首次让这位挪威剧作家更加广为人知。要叙述与维多利亚时代后期重叠、持续至20世纪30年代的"现代时期"，从易卜生开始讲起是最为合适的。

易卜生如今被大家视为现代戏剧的奠基人，而在19世纪80年代至1906年他去世期间，他是一场争议浪潮的中心人物。让批评家感到冒犯而让青年人得到激励的，是他无畏地将剧院变成了一个严肃讨论道德和社会议题的地方；他没有将这些议题藏在历史的伪装之下，而是取材于当时的生活，通过一种从未被超越的对人物之间对话的熟练驾驭，将它们直接呈现出来，不加评论或解释。易卜生是一位对人类用来自欺欺人的假象和错觉做出愤怒回应的道德家。就像欧里庇得斯那样，他质疑自己所处时代的道德和社会信念，揭示了修辞与现实之间的差距，让观众直面那种在其中可以见到——或愤怒地拒绝见到——自己的情境。

然而，易卜生是艺术家，拒绝变成先知。他抵制了任何想要将他与运动、政党和改革——包括易卜生主义——联系起来的尝试。他不相信这样的活动。"我的使命，"他宣称，"是质疑，不是回答。"

易卜生的长处在于，他在寻找真实性的过程中观察和揭示人类的性

---

[1] Virginia Woolf, 'Mr Bennett and Mr Brown' (1924), reprinted in *Collected Essays* (London 1966), v. I, p. 321.

格，以及人类的关系。没有哪位作家像他一样创造出如此令人难忘的女性角色，但是在挪威妇女权利协会为他举办宴会，向他敬酒时，他是这样回应的：

> 我更多的是一个诗人，而不像人们通常认为的那样是一个社会哲学家。大家说我有意识地为妇女争取权利，这种荣誉我必须拒绝。我甚至不是很确定妇女权利到底有哪些。在我看来，这始终是一个关乎人类权利的问题……当然，顺便解决妇女面临的问题也是值得的；但这不是我的目标所在。我要做的一直都是刻画人类。[1]

正是因为易卜生坚持自己艺术家的独立性，所以他的戏剧在100多年后仍然有力量影响我们，但是当时许多人需要的是宣告消息的先知。

有人认为弗里德里希·尼采（1844—1900）就是这样的先知。尼采起初几乎无人知晓，在1888年才同样因为勃兰兑斯的一场讲演而受到欧洲读者的关注。他不仅质疑，而且强有力地拒斥了整个19世纪文明及其价值，因而引起了轰动。尽管易卜生不看好人类整体，但他还是属于人文主义传统，因为他相信人的个性，相信人类个体有能力从苦难中吸取教训，克服处境。另一个原因是他对自由的热情——一种不为拥有自由，而为追逐自由的热情。另一方面，尼采却鄙夷人文主义，既包括歌德那种宣扬平衡和克制的古典形式的人文主义，也包括那种宣扬功利和理性的人文主义。

在其早期作品《悲剧的诞生》中，尼采独到地展示了希腊文化在多大程度上同时容纳了备受重视的阿波罗式理性特征，与人类生活中黑暗、非理性的狄俄尼索斯式元素。10年后，尼采在《快乐的科学》中借疯子这个角色之口宣称："上帝死了！上帝不会再复活了！我们杀死了他！我们

---

[1] 1898年5月26日，转引自 Michael Meyer, *Henrik Ibsen*, v. 3. *The Top of the Cold Mountain, 1883–1906*, p. 297。

图 4.2
弗里德里希·尼采

这些凶手中的凶手又该怎么安抚自己?"[1] 他接着谴责了基督教的奴隶道德,以及启蒙运动所提倡的理性和价值。他认为应该用权力意志的主人道德来取代它们。

尼采具有非凡的影响力,是因为他能够将 19 世纪晚期许多知识分子和作家的冲动表达出来,即那种与过于有组织和过于理性的文明决裂,将本能和情感提升到理性之上的冲动。他本人后来不久便患上精神病并受其折磨至死(1890—1900),但这并未削弱他的那种洞见——人类已经到达一个所有价值都将被重估的极点。

尼采在 19 世纪 90 年代和 20 世纪最初 10 年里激起的那种对非理性的着迷,还有许多种不同的表现形式:柏格森的直觉主义;索雷尔的暴力神话;对弗洛伊德的无意识和梦的研究的回应;始于波德莱尔,由魏尔伦、斯特凡·格奥尔格和里尔克继承的"为艺术而艺术"的美学狂热;对一种无限制的、被兰波称为"感觉之混乱"的实验主义的全情投入。

这种方向上的转变对人文主义传统构成了直接威胁,因为正如曾经写

---

1 Nietzsche, *Werke*, 3 vols (2nd edn. Munich 1960), v. 2, *Die Fröhliche Wissenschaft*, p. 127.

作《少年维特的烦恼》的歌德所示，人文主义传统在坚持提倡想象力，借以反对过度依赖理性时，已经发现了利用思维的客观能力来平衡和抑制主观能力的必要性。

我选择生于1849年的斯特林堡来代表这种转变，是因为尽管他在1912年去世，但他似乎在非同寻常的程度上接近和预示了战后世界的情绪。他热情地接受了尼采的破坏偶像主义，而且当尼采在1888年12月写信给他，说自己感觉此刻具有了"将人类历史一分为二"的力量时，他无疑知道自己将站在分隔线的哪边。驱使他的是一种想要打碎万事万物，使事件、意识以及人物分解的本能。在1888年出版的剧作《朱丽小姐》的序言中，他这样评价自己创造的人物：

> 他们是现代的人物，生活在一个过渡时代，而且这个时代急躁而歇斯底里的程度无论如何都比之前的时代更加强烈，因此我将他们刻画得分裂、摇摆。他们站在过去和现在的混合地带，脑子里塞满书籍和报纸上的只言片语，拼凑起人性的碎片，仿佛精美衣物的破烂布条，组合成某种类似人类灵魂的东西。[1]

斯特林堡思想广博，几乎探索了人类意识或活动的各个领域：他的瑞典语作品全集有55卷，他的禀性被描述为"激进、反传统、怀疑、神秘、虔诚这几个阶段"。他的人生轨迹摇摆不定，有过三次不成功的婚姻，还经历了个人的"地狱"危机，即一次精神崩溃。他说这次崩溃让他认识了地狱的各个维度，而且他在《鬼魂奏鸣曲》等后期剧作中充分利用了这种经历。

斯特林堡越来越鄙夷易卜生及其成功。易卜生则承认斯特林堡"才能出众"，告诉采访者说《地狱》"对我有特别强大的影响"。但是，易卜生

---

1 Strindberg's Preface to *Miss Julie*, in *International Modern Plays* (Everyman Edn., London 1950), pp. 5–16.

图 4.3
易卜生买来挂在书房墙上的由克罗格创作的斯特林堡肖像

尽管和其他任何作家一样很了解那些在人类身上起作用的非理性力量（他成为弗洛伊德最喜欢的作家是有道理的），却像弗洛伊德那样，并不认为应该在自己的生活中放任这些非理性力量。他不信任斯特林堡在行为和观点方面的变化无常，他买了一幅由克里斯蒂安·克罗格创作的斯特林堡肖像（他称之为"疯癫出现"，见图 4.3），将它挂在书房里。他说这样做有助于工作——"让那个疯子盯着我……他是我的死敌，应该挂在那儿看我写作。"[1]

1914 年之后，战争导致传统价值观变得混乱和破裂，所以人们更乐于接受斯特林堡，这才让他的价值得以充分发挥。他后来被人们视为"一个私人的、亲密的、先知式的化身，代表一种完全且明显属于现代的疾病"。[2] 对我所谈的话题来说，他的重要性在于他同样可以被视作 20 世纪人文主义危机的预言者——这场危机就和 16 世纪及宗教战争期间的危机

---

1 Meyer, *op. cit.*, v. 3, p. 253.
2 John Fletcher and James McFarlane, 'Modernist Drama: Origins and Patterns', in *Modernism 1890–1930*, p. 504.

一样严峻，当时那个没有理性和人性的世界轻蔑地拒绝了文艺复兴的人文主义。

2

你们会注意到，我使用的是"现代时期"而非"现代运动"。我这样做是因为，所有想要对其进行定义或将其限定在某个程式之中的尝试都被证明是不成功的。关于这段时期极其丰富的艺术、思想和文学，你只能说它们是"现代的"，仅此而已。但是，作为一种标记，它意味深远，因为它指向一种广泛共有的当代情感，即当时的人们生活在全新的时代里，他们的经历是独特的，他们与过去的连续性已经被打破，以及他们必须为自己找到新的价值观和表达形式。简而言之，现代主义的精髓是一种新的观念，是看待人和世界的新方式，人类思想的这种状况从未有过先例。它现在看上去是否仍然如此，则又是另外一个问题；毫无疑问的是，它是被当时许多极具创造力的人们热情坚持的一种信念，它使科学、文学、艺术、人文社会学科中出现了异乎寻常的创新爆发。

关于这个时期，就连描述都很困难，更不用说尝试去定义。困难之处在于合理地平衡不同的元素。马尔科姆·布雷德伯里和詹姆斯·麦克法兰在总结他们自己的尝试时写道：

> 简而言之，现代主义在大多数国家是超前和虚无、革命和保守、自然和象征、浪漫和古典的奇特混合物。它是对技术时代的颂扬，也是对它的谴责；是人们对旧文化制度已经结束这种信念的激动的接受，也是人们在面对那种恐惧时的深刻绝望……[1]

---

[1] 'The Name and Nature of Modernism', in *Modernism 1890–1930*, pp. 46–52.

他们接着补充道:"这种混合物[在其他地方被称为'两面的']持续到了大战之后,而且无疑延续到了1930年。"

在本章开头,我强调过这些体现了疏远和间断的混合元素,理性、秩序和乐观被一种非理性的、破碎的、经常带有绝望的世界观所取代。

这些特征是"现代"意识在19世纪80年代至20世纪30年代发展期间的必要部分。它们让我们印象深刻,有两个原因。首先是"现代的冲击",这种令人担忧的创新热情当初——现在仍然——让许多人不分是非地全然拒绝现代思想、现代艺术和建筑、现代文学和音乐,认为它们标志着西方文明在无秩序之中的崩溃。其次是那种将现代时期视为虚无主义开端的观念,似乎因为紧随其后那个时代——希特勒(1889—1945)的时代——欧洲的经历而得到确凿证实。

然而,完全甚或主要以这样的方式来看待现代时期,我认为是具有误导性的,原因同样有二。首先,这样做是对历史的片面刻画,忽视了一个事实,即迟至20世纪30年代中期,欧洲世界的大多数人并没有接受甚或还在抗拒那种被预言的危机和绝望感。其次,所谓的眩晕感,那种大地在脚下垮塌的感觉(对此我们肯定可以在整个时期里找到相关的证据),也伴随着人们在新视野面前所感受到的那种激动。许多遭到质疑的天经地义之事并无真正的价值,属于马修·阿诺德所谓的那个"已死"的世界。而阿诺德所说的另一个世界不再"无力诞生":它是一个正在诞生的新世界。

"新视野"这个说法可以应用到物理学革命之上。这场革命在伦琴发现X光和居里夫妇发现镭元素之后发生,始于1900年马克斯·普朗克提出量子理论。到了1915年,它已经产出了卢瑟福和尼尔斯·玻尔各自的新原子结构模型,以及爱因斯坦的广义和狭义相对论。

玻尔后来又提出"互补原理"的概念,海森堡(1901—1976)在1927年阐明了"不确定性原理",这些发现和观念本身就极具价值。而且,历史上很少有时期能够比这段时期更持续地表明,在理性和想象的结合程度到达巅峰之时,人类思想能够取得什么样的成就,远超实证主义者的老套科学方法。

然而,尽管这场科学革命在规模上可以与以牛顿为顶峰的革命相提并论,但它有什么影响呢?在听到爱因斯坦(1879—1955)的相对性原理被贬低为相对主义的同义词,用来否认所有客观真理时,或者在听到海森堡的不确定性原理被庸俗化地用于证实自由意志,反对决定论时,科学家们感到愤怒是有道理的。但是,普通人询问这场革命是否不仅在技术方面也在其他方面带来了重要的根本性变革,这种本能并没有错。此前开尔文(1824—1907)和麦克斯韦(1831—1879)这一代人的工作成果,似乎让一种对客观宇宙的全面、统一的认识变得触手可及。如果这一点受到了质疑,那么那种以人们眼中最可靠的科学思想成就为基础的实证主义和唯物主义宇宙观又将怎样?

由于西方文明通过技术将科学应用于解决问题,获得越来越多的好处,所以科学受到的质疑实际上几乎无关紧要:科学的威望,以及西方社会对科学的依赖,都没有受到影响。

但是,对更具哲学头脑的人们(包括其中的科学家)而言,仍未得到解答的问题是:由经典物理学提供的对宇宙的统一认识是否会在某个阶段——像爱因斯坦本人相信而并未实现的那样——被一个新的统一模型取代?或者,奥地利科学哲学家恩斯特·马赫(1838—1916)早在19世纪80年代提出的观点是否会被证明是正确的?他当时认为,科学是实践性的活动,科学法则和概念的功能不在于描述现实,而在于为科学家开展工作提供必需的,但是基于假设的框架;不应该将它们树为绝对真理(形而上学就犯了这样的错误),不应该判断它们的正误,而应该将它们视为有用之物来探讨。人们会问这样的问题,这个事实使科学与人文艺术学科之类对人类经验进行探索的形式(它们被马赫所处时代的教条式实证主义排斥在外)之间有了对话的可能。

我在后面会尝试解释,为什么我相信对人文主义在20世纪的发展而言，这样的对话仍然至关重要。不过，我在这里要接着讨论其他类型的新进展，先从政治学和社会学讲起。

3

19世纪的自由主义以放任自由的名义，阻止了国家干预那些因工业化和城市发展而产生的社会问题，但是就在1890年至1914年这同一段时间里，新一代的自由主义者和社会民主主义者最终协力与这种做法决裂。到1914年，之前俾斯麦治下的德意志帝国在建立国民保险制度方面的举措已经被人接受，并且扩张到了其他西方国家，包括不列颠和法兰西。例如，不列颠在1906年至1916年之间的两届自由主义政府推行社会立法，提供疾病险、意外补偿和养老抚恤。这种立法尽管远不能让人满意，但是反映了由格雷厄姆·沃拉斯、哈蒙德夫妇、伦纳德·特里劳尼·霍布豪斯、约翰·阿特金森·霍布森，以及费边社宣扬的各种不同形式的新激进主义。[1] 这进而又指向了理查德·亨利·托尼在《贪婪社会》（1921）——这本书对英国工党思想的影响比马克思更大——中呈现的支持社会主义的道德论据，还指向了20世纪30年代经济政策中的凯恩斯式革命，以及福利国家。贝弗里奇在1942年战争期间发表的《贝弗里奇报告》为福利国家提供了智识上的辩护。

由此开创的优先考虑社会和经济议题的20世纪政治新议程，在很大程度上应该归因于社会学的发展。这种由孟德斯鸠和亚当·斯密奠基、由卡尔·马克思增加新维度的系统性社会研究，因提出的问题和主张而激起了许多偏见。这种对社会学的批判性接纳（正如后来对它的盲目接纳一样）有许多原因，它们是智识和社会史上趣味无穷的篇章。然而，这些偏

---

[1] 关于第一次世界大战前后不列颠的新激进主义，参见 Peter Clarke, *Liberals and Social Democrats* (Cambridge 1978)。

见不应该遮蔽这样一种强有力的说法，即任何研究只要旨在探究和理解人类如何适应新颖的、不断变化的现代工业化社会，就都应该被视为人文主义传统的一部分。或许并非所有社会学家都愿意同意这种说法，有些社会学家或许会驳斥它。然而，作为历史学者，尽管我承认社会科学和人文学，尤其是社会学和历史学在目标及方法上存在差异，但是我能够肯定，将它们分割开来只会使二者都变得贫瘠。

一方面是社会学和人类学，另一方面是历史学，这两个方面是天然互补的。为支撑这种观点，请容我提及那些由社会学家在我一直谈论的创造性时期（20世纪早期）里提出，并且已经在20世纪思想中变得很常见的见解和观念。它们包括格雷厄姆·沃拉斯（1858—1932）在《政治中的人性》（1908）中指出的那些非理性要素（意外、偏见和习俗），还包括帕累托（1848—1923）和莫斯卡（1858—1941）这两位意大利人在所有社会中发现的那种区别，即统治阶级或精英（无论其权力如何被辩护或掩饰）与被统治的大众之间的区别，以及精英循环这个让帕累托将历史描述为"贵族的墓地"的补充性概念。德意志社会学家斐迪南·滕尼斯（1855—1936）在"共同体"（由民俗、习俗和宗教来治理的自然共同体）与"社会"（由法律和契约之类的理性约定来治理的社会）之间所做的区分，就像"精英"这个说法与托斯丹·范伯伦（1857—1929）在其《有闲阶级论》（1899）中提出的"炫耀性消费"概念那样，已经在知识界广为流传。

现代社会学形成期的两位主要人物对该学科的方法和目标有着极其不同的看法。埃米尔·涂尔干（1858—1917）属于法兰西理性主义传统，表现出对历史方法的不信任，偏向于通过定义和分析来开展研究；马克斯·韦伯（1864—1920）则属于德意志历史主义传统，表现出对定义的不信任，偏向于以特定的历史情境作为自己理论主张的基础。

二人都受到了宗教研究的吸引。涂尔干不那么关注宗教的内容，也就是对超自然或个人经验的信仰，反而更关注宗教的社会功能。他认为宗教的社会功能源于图腾崇拜。他将社会视为一种道德秩序,其核心是一系列价值观,属于"集体意识",而宗教是这种集体意识的象征,其作用是维持神圣和世俗之间的区分。

涂尔干摒弃社会发展的历史观,提出了社会团结的两种类型。第一种是"机械的团结"("机械"在此处的用法,与我们在讨论19世纪早期时遇到的"机械"极其不同),即一个鲜有分工、人们接受共同准则的传统社会。第二种是"有机的团结"(此处"有机"的用法也极其不同):社会分工变得专业化;工作场所取代家庭,成为人们归属感的中心;集体意识有可能破裂,导致一种失范或混乱的状态。涂尔干视此为现代社会的典型弊病,其症候包括工业阶级冲突等。如果宗教无法继续承担其维持共同道德准则的传统角色,那么人们就需要创造一种替代物。涂尔干认为道德教育和公民精神可以作为替代物,提供一套与人类共同品性有关的价值观。有一个事实强调了这方面的重要性,那就是涂尔干拒绝了英国社会思想中的个人主义假设,反而认为社会优先于个人,不能将社会现象贬为心理学现象——他在《自杀论》(1897)中阐明了这个论点。

韦伯的关注点极为不同,他对比研究了历史上重要的宗教,如印度和中国的宗教、古犹太教、新教,尝试阐明为什么资本主义会在西方而非其他地方(如亚洲)发展起来。他的答案是"新教伦理",并就此写出了其最著名的作品[1],论证宗教因素或许与经济因素一样能够动态地影响社会发展。这个具体的例子体现了他的基本论点,即人类行为特别丰富和复杂,无法通过任何单一因素来解释;要解释人类行为,就需要更具多元性地看待观念(无论是宗教的,还是世俗的)与经济社会利益的相互渗透。

韦伯认为,日益理性化是现代社会的破坏性特征,这个过程既常见于资本主义,也常见于社会主义,他称其为"官僚制度铁律",以及"祛魅"(借用席勒的说法),即将魔法从宇宙和人类生活中祛除。

---

[1] 1905年完稿,1922年出版,英译本为 *The Protestant Ethic and the Spirit of Capitalism* (London 1930)。

涂尔干坚持实证主义的途径，韦伯则坚持认为个人为自己的活动赋予的意义是理解这些活动的关键所在。但是，他不囿于从小就接触的狄尔泰和李凯尔特的那种历史主义，而是认为也可以通过使用对比的方法和"理想类型"的概念，确立因果、功能的或普遍性的解释。关于"理想类型"的一个例子是他在传统权威、理性法定权威和魅力型权威这三种理想类型之间所做的区分。这种想要融合对立观点的愿望（让人想起晚年的穆勒），在韦伯的一种论断中得以体现：在社会研究以及在对人类必须做出的选择进行澄清的过程中，都存在客观性；但人们同时也要承认人类所做的决定会体现出他们的主观价值偏好，这两方面的结合并不矛盾。

实际上，涂尔干和韦伯所分别代表的，正是我在讲19世纪时指出的那两种体现人文主义传统的相互竞争的主张：其中一种主张的态度是实证、理性和科学的，它决心在所谓历史学和人文学的主观混淆中保持自治；另一种主张则尝试将历史学和人文学结合起来。

4

人类社会以及个体人性都被以新的方式审视。在达尔文之后，19世纪的心理学就与生理学以及针对精神活动的物理基础的实验性研究联系紧密。达尔文学说的重要推广者赫胥黎在1872年这样总结作为19世纪心理学基础的那些假设："我们都是有意识的自动机器。"他紧接着说这种简化的解释非常妙。"野兽的意识与其身体机制的相关之处，似乎仅仅在于意识是身体机制运作的一种附属产物……而且这种适用于野兽的推论也适用于人类。"[1]

---

1 转引自 William James, *The Principles of Psychology*, v. I (New York 1904), p. 131。

图 4.4
亨利·詹姆斯和威廉·詹姆斯兄弟，摄于 1905 年

威廉·詹姆斯、弗洛伊德、荣格、阿德勒这几位后来者无论彼此之间有什么分歧，全都一致地反对这种观念，坚持认为意识不能被简化或者"解释"为大脑和神经系统的物理运作。

1890 年，在取得医生资质，并且在哈佛大学研究和教授实验心理学近 20 年后，威廉·詹姆斯（1842—1910，亨利·詹姆斯的兄长）出版了至今仍为经典的《心理学原理》。他的目标是探究和描述实际发生的思想及情感。当然，这些思想和情感出现的地方是时空之中的物理环境，它们与物理环境共存，并且在某种意义上"认识"物理环境。但是，詹姆斯拒绝推测它们是在哪一种意义上认识物理环境的。他在一项对柏拉图以降的心理学说史的概述中说明，通过哲学（无论是唯物论、唯心论、联想论，还是进化论）来解释它们与客观世界的关系，这种做法会遮蔽心理学观察，将其扭曲来符合已有的模式。脱离这种形而上学的预设，从"我们实际感受到的意识"出发，詹姆斯接着说明了我们在智力、情感、习惯和记忆这几个被忽视的方面还有很多能够探究的东西，并且解释了他所谓的"意识流"（不是一个实体，而是一个过程，一种只能通过其自身的方式来解释的功能）是多么丰富和细致。通过将观察和论证结合起来，詹姆斯成功地挑战了那种自洛克以来就主导着英国经验主义的联想主义心理学观，以及那种划分"认识者"和"被认识之物"、认为思想复制外界事物的二元论——这种二元论自笛卡尔以来就是心理学和哲学的一条公设。

在我看来，威廉·詹姆斯被低估了，部分是因为他那种风趣、泼辣的风格，他的朋友查尔斯·桑德斯·皮尔斯谴责说这种风格在对严肃哲学问题的讨论中显得不恰当，另一部分是因为"实用主义"这个词（"实用主义"是詹姆斯从皮尔斯那里借用的，首先被用作一部讲稿集的标题，其出版距詹姆斯去世仅有四年时间）从一开始便被人们用来将他归类为一位务实者的哲学家，还被人们夸张地演绎，将他对真理的检验标准变成了那些缺乏耐心的美国人常提的问题——"这有用吗？"[1]

詹姆斯的一本作品至今引人关注，那就是《宗教经验种种》。这本书是他1901年至1902年在爱丁堡所做的吉福德讲座的讲稿。这些讲稿说明了他在探索宗教这个将被弗洛伊德轻率地视为有害幻觉的主题时，引入了什么样的心理学洞见。它们还是一个引人注目的例子，说明了他所谓的实用方法到底是什么，这种方法被用于寻找任何科学、哲学或宗教观念的意义和价值，着眼于观念所导致的结果。伯特兰·罗素尖酸地说，如果詹姆斯是对的，那么"理论就成为解决谜题的工具，而非谜题

---

[1] 雅克·巴尔赞（在 *A Stroll with William James*, Chicago, 1983 中）引述了柏格森写信给詹姆斯时所说的话："人们想当然地认为实用主义必然是很简单的东西……我不断地说，正好相反，它是哲学中出现过的最为微妙和细腻的学说之一。"（p. 107）为举例说明詹姆斯的风格，我在这里引用他对与"心硬"相反的"心软"性格的描述（与如今的用法完全相反）：心软的性格具有"一种教条和专断的特征。'必须'这个词始终挂在它的嘴边，系在它的宇宙上的腰带必须很紧。它想要不受偶然因素影响的东西，想要永恒和不可改变的东西。经验中的可变事物必须以不可变性为基础"。他对经验的定义则可以说明其独创性："我的经验就是我同意去处理的东西。"

的答案"。罗素的评论不得要领,他所说的正是詹姆斯的看法,但是正如怀特海所见,这种看法用于谈论新物理学中科学理论的功用恰恰十分合理。

有人认为存在现成的"现实",这种"现实"永恒而完善,独立于人类的思维,但是詹姆斯拒绝接受这种看法,将其斥为哲学的偶像。他认为宇宙是一个永远在生成的过程,其意义和价值是人类自己创造的。

弗洛伊德(1856—1939)不可能被任何人低估。从1900年出版的《梦的解析》开始,他的工作成果就让他可以被公允地视为20世纪上半叶最具独创性也肯定最具影响力的思想家。在独创性和影响力方面,他显然可以与达尔文相提并论。二人分别都采纳了当时流行的概念,一个是进化,一个是无意识;他们都将各自采纳的概念转化为革命性新领域的核心,这个新领域在达尔文那里是生物学,在弗洛伊德那里是心理学。他们的巨大影响力都能够以同样的方式来解释。达尔文的理论最初受到强有力的抵制,但后来人们普遍坚信他不仅证明了人类是从猿类进化而来,还证明了优胜劣汰的生存竞争是普适性的进化法则。弗洛伊德最初也受到了强有力的抵制,但人们后来也有了类似的信念,认为他以科学方式证明了不快乐与神经官能症有关,神经官能症由性压抑引发,因此人们如果要快乐,就应该解放性本能。

弗洛伊德对我们这个时代的思想和文化有独特的影响,在很大程度上是由于他的思想被通俗化,但是这并没有减损他的成就。人们普遍认为他对无意识的"发现"彻底改变了我们对人性的看法,这种观念并没有错。而且,他在挑战极其根深蒂固的对公开谈论性的禁忌时必须战胜的那些反对和中伤,也使得他的这项成就显得更为重大。

但是,他在人文主义传统中是否有一席之地?即使他拒绝接受对心理状态的物理解释,他也肯定可以被称为一位决定论者。他的无意识模型及其与意识的关系是机械论式的,基于一种性本能(他后来还补充了一种更为原初的攻击本能)至上的信念——他曾经以教条主义式的固执捍卫过这种信念。弗洛伊德不看好人类,他认为人类本质上是非理性的生物。他们通过精巧的理性化借口,或者通过沉浸在宗教信仰之类的幻觉中,以理性来欺骗自己,看不清自己的真实本性。

然而,我们可以说,弗洛伊德并没有为非理性辩护,也没有像尼采那样颂扬非理性;他并不满足于说明无意识不遵循常见的逻辑规则,而是尝试使用他自己的理智力量,阐明无意识的特殊逻辑在运作时所遵从的那些陌生规则。弗洛伊德的个人和家庭生活是幸福的;对于例如幼儿性欲和俄狄浦斯情结等结论,他说自己远非衷心欢迎,经历过抵触并不得不下决心接受的过程,最终通过分析自己和病人而得出这些结论。他认为自己是在孤独地探索一个潜藏的、令人惊恐的世界,只有在一种人文主义信念下,他才能找到继续探索的勇气。这种信念是:只有知识的增长,尤其是自我认知("认识你自己")的增长,才能让人得到解放。即使他坚守一种对事实的实证主义和理性主义信念,将所有哲学成见和解释都拒之身外,那也是因为他像威廉·詹姆斯那样,相信只有通过坚持"被真实经验的无意识"(套用詹姆斯的说法),才能让自己的双脚稳固地站在"现实"之上,而不会在宗教和艺术之类的"幻象"中迷失。他坚信,只有当人类摒弃这些幻象,承认理性不可避免的局限时,理性这个脆弱而必不可少的工具才能运行。

在1915年夏天写信给美国精神病学家詹姆斯·J. 帕特南时,弗洛伊德说自己是一个特别道德的人,毫无疑问地接受了现代文明的所有道德规则——支配现代的性行为的那些规则除外。"性道德,在最极端形式的社会对它的界定下,似乎是特别可鄙的。我主张极为自由的性生活,尽管我自己很少使用这种自由;我只在觉得能够容许的程度下使用它。"[1]正如海因茨·哈特曼所说,弗洛伊德并不是一位"'对价值进行重估的

---

[1] 转引自 Ernest Jones, *The Life and Work of Sigmund Freud*, 3 vols (London 1953–57), v. II, pp. 417–418。

人'——也就是说，他并不想将一套新的价值观强加给同时代的人们"。¹ 弗洛伊德是这样一位道德学家，他试图减轻性愧疚、伪善，以及它们所致的神经官能症给人类施加的负担，以此让人类的价值观更加有效。他写道："经验告诉我们，大多数人都有一个极限，他们的体质在这个极限之外无法遵从文化的要求。想要变得比自己体质的限度更崇高的人，都会患上神经官能症。"²

或许有人会认为，由弗洛伊德促成的那场性革命朝性放纵走得太远。但是，维多利亚时代的那个世界在性方面是黑暗、压迫和不快乐的，我认为只要看穿了那个世界，人们就几乎不会怀疑这场变革尽管有其过分之处，却是一种解放，尤其是对女性的解放。弗洛伊德本人并不看好人类的未来，尤其是在第一次世界大战让他发展出死亡本能（即与厄洛斯进行生死斗争的塔纳托斯）这个概念之后。他在《文明及其不满》中写道，他特别能够理解那位说"[文明的]全部努力都不值得劳心费神"的批评家，但他认为，人类如果要存活，那么除了接受文明在其本能生活上所强加的牺牲或者对其攻击性本能所做的限制以外，别无他法。彼得·盖伊对此做了如下总结：

> 弗洛伊德憎恶那种对非理性力量的颂扬，也憎恨那种通过彻底抛弃文明来避免文明之辩证性的原始主义……他走进人性的阴沟，不是为了沉湎于他在那里发现的东西。他并不热衷于本我；他没有为那个盲目专横的意志能动者赋予特权地位，而是重视自我的那种组织性理性主义以及超我的否决性约束，认为它们是与本我一样自然的。³

1　Heinz Hartmann, *Psychoanalysis and Moral Values* (1960), p. 17, 转引自 Peter Gay, *Freud, Jews and Other Germans: Masters and Victims in Modernist Culture* (New York 1978), p. 69。
2　'Civilised' Sexual Morality and Modern Nervous Illness (1908), 也转引自 Gay, *op. cit.*, p. 67。
3　Gay, *ibid.*, p. 70。

正如我之前所说，弗洛伊德自认为是一位只与事实打交道的科学家，然而正是科学家对他的理论表现出极强的保留态度。牛津大学心理学家法雷尔总结了这些科学家的观点。他承认弗洛伊德的工作"彻底改变了西方大众的人性观（如同马克思改变了我们的社会观）"，但是他又补充说"弗洛伊德的理论贡献尚未被纳入科学"，而且"他是否真的会成为人类心理领域的达尔文，抑或只是像托勒密或梅斯梅尔那样，引领我们走向一个有趣、重要的死胡同"[1]，这个问题尚无答案。相反，他的思想，即使是那些最具猜测性的思想，从一开始就吸引了作家和艺术家的关注。这并非巧合。莱昂内尔·特里林（1905—1975）在发表于 1940 年的文章《弗洛伊德与文学》[2]中说"精神分析是 19 世纪浪漫主义文学的高潮之一"，并且回忆了弗洛伊德在其 70 岁生日会上被誉为"无意识的发现人"时的反应。弗洛伊德拒绝了这种称誉："无意识是由前辈诗人和哲学家发现的。我发现的是能够用于研究无意识的科学方法。"

特里林接着评论道，如果我们细看"无逻辑的逻辑"（弗洛伊德视其为无意识的运作方式），例如它对明显不相容的观念和画面的联想，以及它对具体而非概括、对有形的具体而非笼统的抽象、对含糊而非精确的偏好，我们就会发现它描述的是诗人和艺术家一眼就能看出来的某种东西，这种东西是许多诗作和画作，尤其是非具象派的艺术，得以形成的途径。他总结道，在所有研究心理的体系中，弗洛伊德的体系"让诗歌成为心理构造之中固有的事物"，而且它并没有为艺术家窄化和简化人类世界，进而抑制创造能力，反而打开了人类世界，让人类世界复杂化了。简而言之，无论弗洛伊德最后在科学史中地位如何，他在人文主义传统中的地位都因为他的思想与文学艺术的密切关系，以及因为他对文学艺术的影响而确定无疑。

1　B. A. Farrell in the *Fontana Dictionary of Modern Thought* published in the US as the *Harper Dictionary of Modern Thought*, ed. Alan Bullock and Oliver Stallybrass (1977), p. 247.
2　1947 年修订，重印于 *The Liberal Imagination* (New York 1950)。

我更加相信，后人对弗洛伊德的工作的这种看法（无论弗洛伊德本人会怎么看）是合理的。因为，早在弗洛伊德和阿德勒在1911年出现分歧，以及弗洛伊德和荣格在1913年展开那场著名的论战时，有一点就已经很清楚：弗洛伊德的伟大成就分为两部分，一部分是证明无意识的重要性，以及指明那条通过分析梦境来探索无意识的康庄大道（荣格的说法），另一部分则是必须从病人在幼儿时期的性欲来解释所有梦境或幻想的做法，或者必须认为心理的创造力量即力比多是完全与性相关的做法，这两部分是可以完美分离的。

阿尔弗雷德·阿德勒（1870—1937）提出侵犯行为的关键是为了补偿自卑感，认为性是一种表达优势地位的机会。卡尔·古斯塔夫·荣格（1875—1961）选择了不同的道路。尽管他认同歇斯底里神经官能症通常与性功能紊乱相关，但他在研究更严重的精神分裂的失调症方面有经验，所以相信这些失调症源自一种更普遍的，并非明确与性相关的对外界现实的不适应。由于接触精神分裂症患者，他开始探究一种所有人都拥有的心理基底，一种集体无意识，它位于个人无意识的下层，使得人们自然地产生神话、幻象、特定类型的梦境以及宗教观念——荣格证明了这些东西可见于多个不同的文化和历史时期。

这种原始意象或原型的一个例子便是各个神话体系中特征各不相同的英雄。[1] 荣格对神话功能进行研究，指出在除我们这个时代以外的所有时代里，人类都是在某种形式的宗教或神话中为自己的生活寻找意义。他认为，今天许多人会有徒劳感，是因为他们尽管摒弃了传统信念，却再也找不到一种他们赖以生存的宗教或神话，因此社会主义、纳粹主义或法西斯主义作为宗教或神话的替代物才会具有吸引力，拉斯塔法里运动之类的信仰活动才会四处扩散。

弗洛伊德专注于在患者早年的经验中寻找心理症状的起源，荣格则

---

[1] 参见 Joseph Campbell, *The Hero with a Thousand Faces*, 2nd edn. (Princeton 1968)。

在精神病患者展现的大量心理学材料中发现了一种向前看的尝试，即尝试以无意识补偿有意识心理的片面、失衡。荣格由此提出，内心世界及其意象——它们在弗洛伊德派学者看来源自幼儿经验，会阻碍人们接纳现实——实际上可能是人类适应外部世界的方法（无论其形式是宗教、艺术，还是科学）之源泉。

荣格特别关注那些通常在早年经历过成功，但是在中年时因为徒劳感和生活缺少意义而陷入抑郁的人的问题。他认为，只有通过承认和接受某种比自我更高的权威或目标，通过找到自己的"神话"，人们才能克服内在的冲突，实现他所谓的"个性化"，获得他们独有的自我性。

荣格在住宅大门上方刻了"呼不呼求，上帝都在"这句德尔斐箴言。无论宗教的内容是什么，宗教的心理功能在荣格看来都很重要，就像其社会功能在涂尔干看来很重要一样。荣格花了大量时间搜集各种神秘文献，从灵知主义和炼金术，到中国道教的冥想经典《太乙金华宗旨》。这些材料全都关乎同一种精神追求，只是形式不同。这种精神追求就是对超越自我的追求，荣格认为它是人类成熟后的主要特征和需求。

荣格没有像弗洛伊德那样吸引广泛的公众关注，而且他那种晦涩的写作风格也较难被理解（相较而言，弗洛伊德是更加清晰易懂的）。批评者指责他陷入神秘主义，故弄玄虚并宣扬伪科学；为他辩护的人则说他对无意识的阐释更加开放，没有弗洛伊德那种教条主义，而且他对集体无意识的探索也很有价值。我相信荣格与弗洛伊德都在人文主义传统中占有一席之地，而且在我看来，人们对谁更感兴趣，这在很大程度上取决于性格和经历。我想强调的是，在承认无意识（其发现应归功于弗洛伊德）的重要性的同时，关于无意识的哪个方面最应该受重视这个问题，也完全可以存在多种观点——这个结论几乎不令人惊讶，毕竟我们谈论的是内心世界，而它最显著的特征便是模棱两可。

5

在弗洛伊德和荣格研究无意识时，新一代的艺术家——起初有巴黎的野兽派和立体主义者，以及德意志的桥社和青骑士社——造就了文艺复兴以来最为壮观的一次视觉艺术创新爆发。就像意大利文艺复兴时期那样，这几年里也集中出现了大量艺术实验和天才人物。最重要的画家有晚期的塞尚、毕加索、布拉克、马蒂斯、康定斯基、蒙德里安、克利、蒙克、莱热；建筑家有阿道夫·路斯、弗兰克·劳埃德·赖特、勒·柯布西耶、格罗皮乌斯、密斯·凡德罗，以及对现代设计影响深远的包豪斯派。

这种早期的新鲜感和冲击力无法被复制，但是这场现代运动继续扩大并发展新观念，一直持续到第二次世界大战。即使在第二次世界大战后，它也仍然能够衍生出新的分支，如较晚绽放的英格兰现代艺术（亨利·摩尔、芭芭拉·赫普沃斯、本·尼科尔森和格雷厄姆·萨瑟兰）。或许更加令人印象深刻的是，在第二次世界大战后，早期那代艺术家尽管已经年迈，但仍然能够继续创造出令人惊艳的新作——马蒂斯80多岁卧病在床时创作的剪纸作品，还有他在旺斯设计的小教堂；柯布西耶在朗香设计的朝圣教堂，以及他设计的旁遮普新首府昌迪加尔；或者音乐领域的斯特拉文斯基经过新古典阶段之后在晚期转向序列主

图4.5
西塔里耶森，弗兰克·劳埃德·赖特在亚利桑那州为自己和学生建造的冬日住所。该建筑以6世纪威尔士吟游诗人的名字命名，始建于1938年，历经过多次翻新和增建，直至1959年赖特去世为止

义，而相较于他在1914年之前为达基列夫的俄国芭蕾舞团创作的那两部极具创新性的作品，即《火鸟》和《春之祭》，这本身就是一种骤然转变。

这些极具个人主义特征的艺术家、建筑家和音乐家会愿意承认，他们都渴望从19世纪的惯例中挣脱出来。这些惯例即使曾经是早期反抗行动的产物，此时却已经有了限制性，刻板地规定了什么可以被视为艺术（有人问毕加索："什么是艺术？"，他答道："什么不是艺术？"），或者什么可以被视为建筑或音乐。

西班牙人文主义者奥特加·伊·加塞特（1883—1955）在现代运动的新方法中看到了"艺术的去人化"。这个观点我不赞同。如果我哪天早晨去参观由弗兰克·劳埃德·赖特设计的了不起的古根海姆博物馆，在那里漫步欣赏康定斯基的油画，如果我回忆当初满怀惊讶地参观毕加索的回顾展，或者回忆由芭芭拉·赫普沃斯在圣艾夫斯建造来作为其雕塑作品背景的花园，那么我会像回到佛罗伦萨或罗马看到那些反映文艺复兴人文主义的艺术作品时那样，感到精神振奋和激动。这些现代艺术家的艺术作品经常是非具象的，我觉得这是艺术的扩张，而非收缩。保罗·克利那种富于幻想的作品让我感到愉悦。蒙德里安或本·尼科尔森那种抽象画的朴素线条，也如同揭示了永恒流变之下的隐藏秩序的其他所有艺术作品（音乐、芭蕾、绘画以及雕塑），令我十分满足——前者以最简单的形式表现了那种隐藏秩序。

伟大的现代建筑家们的作品不同于那些平板状的、让城市变得丑陋的无名大楼，正是因为弗兰克·劳埃德·赖特[1]、密斯·凡德罗、阿尔瓦·阿尔托等巨匠对人类的尺度以及人类工作和生活环境的关注。瓦尔特·格罗

---

[1] 在巴卡格兰德牧场举办的那场研讨会（见本书前言）的参与者之一约翰·门肯，年轻时曾经在弗兰克·劳埃德·赖特位于塔里耶森的著名事务所做过学徒。他告诉我们，赖特要求每位新学徒制作和配备一个木匠工具箱："这项任务仿佛强烈地暗示着他应该熟悉艾默生、梭罗和惠特曼。"

皮乌斯担任包豪斯校长之后，宣布了他想要让艺术与技术相融合的远大追求，他想要"清除机器的所有缺点，同时不牺牲它的任何实际优点"。在19世纪那种华丽的集仿主义建筑风格之后，现代建筑所精心设计的比例与朴素线条，在我看来是以一种当代形式向古典建筑原则回归。[1]

现在我们能够恰当地看待他们的成就，显而易见的是，这些现代艺术家在绘画和雕塑领域与过去的决裂并不像当时看上去那样彻底——学者们在研究文艺复兴时得出的也正是同样的结论，这个结论重新确立了14或15世纪艺术家和作家自认为打破的那种与中世纪的联系。现代时期的艺术确实像文艺复兴时期的艺术那样具有革命性，但是它并没有摧毁或彻底摒弃西方的艺术传统，在我看来反而是为这个传统增添了辉煌的新篇章。

许多艺术家意识到了自己与前人的关系，也探索了这种关系。例如，1957年，70多岁的毕加索就基于委拉斯凯兹这位西班牙前辈在300年前的1656年绘制的杰作《宫女》，经过20年的研究和思考，采用相同的主题创作了约20幅令人惊讶的系列作品。斯特拉文斯基（1882—1971）在自己的新古典创作时期里，也以同样具有独创性的方式深入研究了韩德尔（在1927年的《俄狄浦斯王》之中）、巴赫（在1931年的《小提琴协奏曲》之中）和莫扎特（在1951年的《浪子的历程》之中）。勒·柯布西耶（1887—1965）的名著《走向新建筑》被视为现代主义建筑圣经，他在这本著作中提出了"机器美学"的原则，但是也向古希腊人学习，创造了一种基于黄金分割的模组化设计体系，还效仿阿尔伯蒂和达·芬奇，将人体

---

[1] 我很高兴能回忆起两段经历。一段经历是，我当初作为泰特美术馆信托委员会主席，能够参与为国家争取芭芭拉·赫普沃斯的住宅和花园（包含了雕塑作品）。另一段经历是，我与丹麦建筑家阿纳·雅各布森合作建造牛津大学圣凯瑟琳学院。圣凯瑟琳学院是一所古老大学里的现代学院，尼古拉斯·佩夫斯纳爵士这样评价它："这是完美的建筑作品。它有连贯统一的规划，每个细节都得到一丝不苟的实现。自我克制是它传达的信息，通过遍及整体和局部的一种几何学表达出来，无论走到哪里或停在哪里，都能感受得到。"（*The Buildings of England, Oxfordshire*, 1974）这里提及的两个建筑作品在本书中有插图，见彩图25和彩图26。

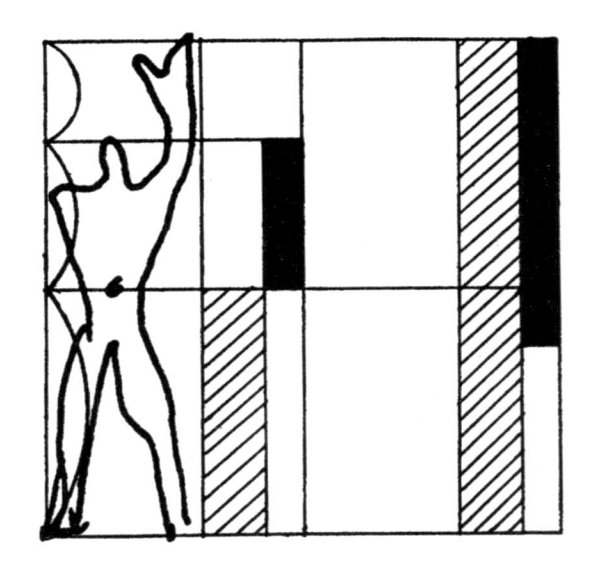

图 4.6
柯布西耶用以说明"模度"的插图

比例作为自己"模度"的基础。

20 世纪新增了两种视觉艺术,即摄影和电影。二者从一开始便极具优势,能够利用大众传播技术,因而能够很自然地反映和适应大众社会。我于 20 世纪 30 年代在牛津学习希腊和罗马文明时看的那些经典电影,在我看来就像修昔底德和亚里士多德的作品一样,是我进入人文主义传统时自然要涉猎的内容。[1] 就像电影导演那样,摄影家(如斯蒂格里茨或卡蒂埃-布列松)也关注人类生活的细节,将个人肖像的人文主义传统扩展到我们这个时代毫无个性的大众社会之中。我认为,爱德华·施泰兴在 1955 年为纽约现代艺术博物馆组织,后来在全世界展出的著名展览"人类大家庭"最能体现这一点。除电影和摄影以外,我儿子这一代人还会接触通俗的爵士乐艺术。类似于摄影和电影,它也能够毫不费力地穿越种族、语言和阶级的壁垒,触及全人类。

---

1 例如《卡里加里博士的小屋》《大都会》、卓别林的《城市之光》和《摩登时代》、让·雷诺阿的《乡村一日》和《游戏规则》,以及爱森斯坦的《战舰波将金号》。

图 4.7
弗里茨·朗的《大都会》（1925—1926）的一幕。这部作品是最著名的早期电影之一，表达了对工业让人失去人性的抗议

图 4.8
查理·卓别林在 1936 年的《摩登时代》中讽刺工厂生活，也以极其不同的方式表达了对工业让人失去人性的抗议

6

我所说的这代艺术家,并非全都与人文主义联系紧密。如果将文学考虑在内,这点尤其符合事实。例如,叶芝(1865—1939)尽管是一位伟大的诗人,却属于一种迥然不同的传统。这种传统是神秘、原始、英雄式的,它不信任理性,就像T. S. 艾略特、艾兹拉·庞德和保罗·克洛岱尔所表现的那样,憎恶源自启蒙运动的现代世界。对中产阶级社会的憎恨和疏远,对非理性作为一种理解人类经验的更深刻、更锐利方法的喜爱,以及来自尼采的影响……所有这些属于19世纪晚期的反叛主题,通常与大胆的风格实验相结合,仍然出现在20世纪的文学中。

一方面,现代时期的文学产生了许多充满绝望的杰作,如卡夫卡的《城堡》和《审判》。[1] 卡夫卡(1883—1924)拥有"一种类似于疯狂,并且与疯狂仅隔一张写字桌的性格"(埃利希·海勒)[2],提前在想象中经历,并且以无与伦比的敏锐笔触描绘了即将像不祥之云一样降临中欧的噩梦般的现实。又比如皮兰德娄(1867—1936)的剧作集《裸露的假面》——只有在戴上假面之时,人才可以真正地做自己,自如地丢弃伪装。在这些戏剧中,个人身份不连续(《你自认为有道理,就有道理》中的妻子说:"人们觉得我是什么人,我就是什么人。")这个主题的各种变体,真理的不确定性,以及真理与幻象、理智与疯狂之间的边界模糊,都通过一种冷酷的逻辑得以表现。[3]

另一方面,在D. H. 劳伦斯(1885—1930)的小说和诗歌中,现代时期还产生了一种对人类本能力量的颂扬,表现为受文明的压抑而失去活力的性欲。或者,像在超现实主义中那样,后来又出现了一种不仅针对

---

[1] 卡夫卡在1924年去世于维也纳,当时几乎没有名声。《审判》在1925年出版,《城堡》在1926年出版。

[2] Erich Heller, *Kafka* (London 1974), p. 26.

[3] 皮兰德娄最著名的两部剧作分别出版于1921年(《六个寻找作者的剧中人》)和1922年(《亨利四世》)。

理性，还针对人性的蔑视（在萨特的《恶心》中表现为厌恶），嘲讽了人类想要爬出污泥的努力的荒谬性。

但是，这样的看法过于狭隘和偏颇。

现代时期的文学和艺术必须找到形式来表达一场由它们促成的双重革命。首先是公开或者重新（很难说是首次）认识到人性的双面特征，认识到非理性因素在个人生活中以及在构成社会的各种关系中所扮演的角色。第二种相应的变化是认识到意识的支离破碎、经验的模棱两可，以及真理的相对性。我认为不必扯得太远去寻找别的作家，像托马斯·曼和威廉·福克纳那两个风格对比强烈的例子。我已经提及的作家和他们一样极具天赋，接受了新的、令人不安的主题，同时又没有背弃现代世界，没有屈服于绝望，也没有（比弗洛伊德更多地）抛弃那根脆弱而必不可少的理性之线，而是依靠它来寻找迷宫的出口。

至于另一个主题，即意识流，以及它如何像威廉·詹姆斯所说的那样被丰富和复杂地表现出来，我们只需看马塞尔·普鲁斯特（1871—1922）就够了。普鲁斯特以细致入微的写法区分了不同类型的时间，并且涉及了诸如为什么关于某件事情的记忆会比事实本身更能够提供集中的现实印象之类的问题。显然，可以与《追忆逝水年华》相提并论的是詹姆斯·乔伊斯（1882—1941）的《尤利西斯》，这部杰作也致力于追寻过去，但追寻的只是1904年夏日在都柏林度过的24小时。普鲁斯特和乔伊斯寻求解答的问题，也正是毕加索和布拉克想要解答的问题，只是它在前二者那里与意识的内部世界相关，在后二者那里则与外部世界相关。这个问题就是：假设你像毕加索在说"我画我所想，而非我所见"时所做的那样，改变了艺术表现的种种惯例，结果会怎样呢？然而，无论是在毕加索和布拉克那里，还是在普鲁斯特和乔伊斯那里，结果都不会是一种缩减，而是意识的扩张，正如表达方式的扩张。就像立体主义者描绘的对象一样，普鲁斯特和乔伊斯追忆的都是司空见惯的事情，但是他们对这些事情的加工可谓神奇。

正是考虑到这些作家，我才认为彼得·盖伊的说法有道理。在评论现代主义时期时，他说这个时期找到了许多方式来肯定生活，也找到了同样多的方式来否定生活："它那种边界的迅速扩张之中并未暗含对规范的敌意；它那种充满活力的审美及社会批评并不包含向忧郁的屈服；它那种对不同于理性的东西的深入探索并不是对非理性的赞颂。"[1]

我并不是说，刚才粗略探讨的1900年至1940年这段在科学、政治、社会学、心理学、艺术以及文学领域都有进展的时期，就像文艺复兴和启蒙运动一样可以算作人文主义传统的一个阶段。这段时间毕竟太短了。但是，在20世纪中叶遭遇危机的人文主义，已经不再是20世纪最初10年走过巅峰的那种人文主义，它曾洋溢着自由的乐观精神和理性主义。人文主义已经从那里离开，以适应意识领域的彻底变化，适应看待人和社会的新方式，同时还保留着与理性的联系，保留着思想和艺术的规范，这规范一直是过去的人文主义传统的特征。一种新型的人文主义的各种要素已经开始聚集。人文主义会有何遭遇，我们需要留到后面再谈，直到我们更仔细地审视过20世纪30年代末突然降临的危机的本质。

7

在那样做之前，我们不妨先回顾之前讲到文艺复兴、启蒙运动、19世纪以及第二次世界大战时涉及的内容，尝试总结我这代人在20世纪30年代所继承的人文主义传统的主要特征。

重申我在导论开始时说过的话，即人文主义不是一种哲学体系或信条，而是一场持续不断的辩论，其中一直存在许多迥然不同的观点。这点没有什么可惊讶的。基督教、佛教、伊斯兰教以及马克思主义，它们各自

---

[1] Gay, *Freud, Jews and Other Germans*, p. 26.

内部都同样有观点分歧。当然，至于哪些观念算得上或者可以自称为人文主义，其范围是有限制的。例如，我本人就不会将任何在看待人类生活和意识时的决定论或还原论观点，或者专断和不容忍的观点视为人文主义。但是，在这样的限制之内，辩论是自由的，也不会终止：它不会产生能够彻底解决问题的终极答案。

出于同样的原因，也没有人有权说自己对人文主义传统的看法是决定性的；每个人都只有个人看法。但是即便如此，我认为人文主义最重要和持久的特征是：

第一，不同于神学或科学对人的看法——前者认为人从属于一种神圣秩序，后者认为人从属于一种自然秩序，而且二者都未将人置于中心地位——人文主义聚焦于人，以人类经验为起点。实际上它认为，所有人都必须以人类经验为依据，人类经验是蒙田的那个问题——"我是谁？"的唯一答案。这并没有排除相信神圣秩序的宗教观念，或者将人视为自然秩序一部分的对人的科学探究，反而认为它们就像包含我们赖以为生的价值观以及我们全部知识在内的所有其他观念那样，是人类的头脑从人类经验中获得的。

第二，典型的人文主义相信个体人类本身就具有价值——我们仍可使用文艺复兴时期的说法，即"人的尊严"——而且所有其他价值和人权都来自对这种价值的尊重。这种尊重的基础是人类且只有人类拥有的潜在能力：创造和交流的能力（语言、艺术、科学、制度），观察自我的能力，猜测、想象和推理的能力。

这些能力一旦得到解放，就使人们在一定程度上拥有选择自由和意志自由，能够改变惯例和创新，因而有可能（只是有可能，而非一定会）提升自己和全人类。

要解放这些能力，进而使得人类能够开发自己的潜力，有两件事情是必不可少的。首先是教育，其目的不是让人能够承担特定的任务或学会特定的技巧，而是让人意识到人类生活的种种可能性，开发或培育年轻人的人性。有些人生来就拥有这种意识，他们的潜能也会自然地展现。但是，对大多数人而言，这种意识都需要被唤醒。因此，人文主义者不仅历来都认为教育至关重要，还宽泛地认为要开展基础的通识教育，全面地发展个性，发展个人才能。

释放人类力量的第二个条件是个人自由。18世纪的哲人利用理性这种武器，摆脱了世俗和宗教习惯、旧法及专制施加的束缚和禁忌，驱除了被教会和整个启示宗教利用的恐惧和迷信。他们尝试以另外的体系取代它们，一个基于法律面前人人平等、思想自由、言论自由的经过改革的法律体系，以及一个由代议制机构治理、尽可能少有禁令管理和少干预个人自由和个人事业的世俗国家。

禁令应该少到何种程度，19世纪和20世纪的人们对这个问题看法不一。这说明了我们有必要以历史眼光看待人文主义传统，将它视为一场持续不断的辩论。如果我们可以借用处于特定发展阶段的人文主义和自由主义传统来支持自由放任政策，那么我们也可以借用处于较晚发展阶段的这个传统来反对自由放任政策，支持通过干预措施来扩大自由，如推进社会改革、约束经济权力，以及为无能力供养自己的人提供基本所需。国家应该在多大程度上进行干预，以及多大程度的干预不会适得其反，在这个问题上的观念分歧至今仍是人文主义传统的特征之一。这种响应社会和环境变化的能力远非一种缺点；相反，我认为相较于对刻板正统观念的信奉，它是一种优势。

第三，人文主义传统的特征还包括始终重视思想。它一方面认为离开了社会或历史语境，思想就不会形成，也无法被理解；另一方面认为不能将思想化约为个人经济或阶级利益的理性化，也不能将其化约为性或其他本能欲望的理性化。马克斯·韦伯对思想、环境和利益的相互渗透的观念最靠近人文主义对思想的总体看法，即思想既非全然独自自存，也非全然由其他东西派生。

自彼特拉克在14世纪抨击经院哲学以来，人文主义就并不信任哲学体系（无论是神学的、形而上学的，还是唯物主义的体系）详细阐述抽象观念的做法。它重视理性，不是因为理性能够建造体系，而是因为它能够被批判和务实地用来解决人类实际经验的道德、心理、社会和政治问题。出于同样的原因，它也表现出偏好历史性的阐释模式，而非哲学分析性的阐释模式（或者至少像马克斯·韦伯认为的那样，将两种模式结合起来），将普世的人类经验与它们在特定历史和文化语境中的表达关联起来。它没有尝试强制推行一套单一的价值或符号系统——无论是天主教、加尔文宗、伊斯兰教，还是马克思主义那样的——而是认为获得真理的道路不止一条。无论是历史上还是现今存在的文明——古希腊、中国、罗马、法兰西、印度，它们发展出的文化都应当被严肃地对待，而且即使我们自己无法接受它们，我们也应该努力从它们的角度去理解它们。

人文主义肇始于十四五世纪的意大利，当时只是一种想要理解和寻回古代希腊和罗马的遥远世界的尝试。四个世纪后，歌德重复了这种经历，从古代寻找灵感来重塑自己的生活和艺术。古希腊思想、文学和艺术的活力远未耗竭，俄狄浦斯神话对弗洛伊德和斯特拉文斯基的影响就能说明这点。古典文明已经不再被许多受过教育的人士所熟悉和理解，对此我们或许会感到遗憾，但更加重要的是，尝试设身处地理解其他民族——无论是古希腊人、中国人、西班牙人还是美洲印第安人——的思想和感受，或者通过研究他们的语言、历史、艺术和信仰，尝试设身处地理解我们自己社会的早期阶段，这些尝试不应该停止。这种共情的能力（狄尔泰称为"Verstehen"）位于人文主义教育的核心，具有极大的价值，能帮助我们打破对其他时代和文化一无所知的狭隘思维。语言，以及通过对话，通过文学、戏剧、演讲和歌曲进行交流的能力，是人文主义传统的核心之一。从古希腊瓶画绘制者到查理·卓别林，幽默也始终是人文主义传统的核心之一。它是一种最为独特的交流形式，还是人类独有的一种能力，让人类能够对自己和他人发笑，既看清人类困境中悲剧的一面，也看清喜剧的一面。

艺术与人文主义的关系尤为亲近。这点适用于文学和戏剧，也同样适用于音乐、舞蹈以及其他非语言艺术，如绘画、雕塑和陶艺，因为它们有能力跨越语言的障碍实现交流。维柯在17世纪指出，象征和神话体现了一个社会的信仰和价值观，从与生育、婚姻和死亡这些普世经验相关的习俗和惯例中，或者从一个社会的法律和制度（如财产和家庭）中，就可以看出这一点。这些又是人文主义传统特别丰富的源泉，我们能够通过人文研究，通过人类学和社会学加以利用。

积极生活与沉思生活到底孰优孰劣，这是人文主义讨论的最古老问题之一；它在古代就已经很常见，在文艺复兴时期又被意大利的学者重新拾起。在苦难的时代，当人们很少拥有公开活动的机会时（例如在一党政权之下），当然会认为在私人生活中寻找慰藉和宁静是人文主义传统的自然表现。这就是蒙田在17世纪宗教战争时期的观点，它不断在（无论左右的）独裁统治之下的异见人士那里重现。但是，大部分人文主义者支持积极生活，支持掌控命运，支持在面对邪恶时抵抗而非屈服。

20世纪托马斯·曼（1875—1955）的事业生涯生动地说明了这个问题。第一次世界大战期间，托马斯·曼拒绝了西方盟国关于自由和民主的夸夸其谈，支持德国的自我修养传统。在出版于1918年的《一位无政治兴趣之人的自白》中，托马斯·曼写道："玩弄政治让人粗鲁、庸俗和愚笨。它只教会人嫉妒、傲慢和贪婪。只有心灵的修养才能让人自由。制度不重要，信念则最重要。"[1]

到1923年，托马斯·曼的态度已经改变。在魏玛共和国慕尼黑城参加一场纪念瓦尔特·拉特瑙的集会时，针对这位被民族主义暴徒暗杀的犹太裔外交部部长，他再次谈及一种远离政治的自我保护："个人生活的塑造、深化和完善……思想之事的主观性，一种文化生活……其中，客观

---

[1] 转引自 W. H. Bruford, *op. cit.*, p. 231。

世界，也就是政治世界，被认为是世俗的，因而被置之不理……"[1] 但是，这一次他表达的是对远离政治的拒斥，他认为这是一种对自我修养和人文性概念的扭曲，误解了歌德和洪堡的本意。10年后的1933年2月，右翼对魏玛共和国的猛烈攻击随着希特勒上台达到巅峰，托马斯·曼做出了回应，宣称远离政治是不诚实的：

> 鄙夷政治和社会领域，认为它是次要的，比不上内心世界……政治和社会领域是人文主义的目标之一。对人性的兴趣和热情，对人类问题的自我奉献……与两个方面有关，一个方面是个人和内在，另一个方面是人类社会生活的外部安排。[2]

流亡美国期间，托马斯·曼成为德国流亡者的精神领袖，成为一种将社会和政治行动视为必需的人文主义的代言人。"德意志的许多灾难，"他在1937年宣称，"都源自这样一种错误的观念，即一个人可以做到有教养但不问政治。"

8

自从希腊人认识到批判理性的力量、系统思维的力量以来，理性在人文主义传统中既处于中心位置，也多有争议。实际上，人文主义的历史可以被视为一场持续不断的辩论，辩题不是人文主义这个词的含义，而是理性所适用的范围以及针对理性提出的那些主张。

对启蒙运动时期的先知来说，理性是一股重要的解放力量，可用于攻击那些古代流传下来、阻挡人类发展其内在能力的障碍和禁律。然而，我

---

[1] *Ibid.*, p. 246.

[2] *Bekenntniss zum Sozialismus*, 转引自 Bruford, *op. cit.*, p. 254.

在第二章中引用了休谟的话（"理性是也应该只是激情的奴隶"）来支持我的观点：简单地将18世纪称为理性时代具有误导性，而且伏尔泰、狄德罗[1]、孟德斯鸠、亚当·斯密、休谟之类敏锐和经验丰富的人在思考理性时，从未像后来的理性主义者在尝试描述理性时那样使用绝对的措辞。即使当时有那样的危险，卢梭也强有力地提醒了人们：人类也是情绪动物，对直觉的依赖要高于对智识能力的依赖，被激情或习惯驱动的时候要多于被逻辑或计算驱动的时候。要是听说任何人需要被提醒这点，蒙田或许会大笑——文艺复兴时期又有谁不会笑呢？

对18世纪的哲学家而言，理性最初被当作重要的工具，那就是提出棘手的问题，揭示正统观点和普遍信念的空洞。它后来才失去其批判、质疑的特征，僵化成教条式的理性主义。

歌德和柯勒律治警告的正是这种偏颇的情况。对歌德这位将大量时间奉献于研究自然的诗人来说，只有将人类的所有能力结合起来——同等地理解客观世界和主观世界——才能让人类发展到最高点。对柯勒律治而言，想象和方法的结合才是理性的真实样貌。

这种结合不断受到来自两个方面的威胁，一个方面是对理性主义的过度依赖，另一个方面是向非理性的毁灭性力量屈服。在20世纪早期，我们已经看到现代主义过渡期的作家和艺术家努力接纳那些关于非理性的主张和弗洛伊德对无意识的研究。他们的下一代人将根据20世纪中期的经历——现代社会里没有哪一代人有过这样的经历——知道抛弃理性、拥抱非理性会导致什么结果。他们痛苦地重新认识到，为什么古希腊人尽管十分清楚非理性的力量（他们的剧作家就表明了这点），却仍然如此重视弗洛伊德所谓微弱但必不可少的理性之光的解放作用。

这场辩论永无终结之日。我们或许比前几代人更清楚需要寻求平衡，但是柯勒律治的错乱人生和他那种无力充分展现天才的悲剧就是一

---

1 例如狄德罗在1762年出版的《拉摩的侄儿》。歌德特别钦佩这部作品，将它译成了德语。弗洛伊德也同样因为狄德罗对俄狄浦斯情结的预料而高兴。

种提醒：即使对能够看清人类境况的人而言，要将洞见转化为实践也极为困难。

9

为完成我对人文主义传统的叙述，我想补充两个与围绕理性的辩论密切相关的争议话题：一个是人文主义与宗教，另一个是人文主义与科学。

伏尔泰以及其他18世纪的知识分子专门利用了理性的批判力量来攻击官方教会的权威。到了19世纪，教育应该由教会还是国家控制，这个问题引起了激烈的争吵。达尔文的进化论观点，实证主义关于科学绝对正确的主张（因此削弱了宗教的权威），都为争吵的双方火上浇油。在20世纪晚期几乎完全世俗化的西方文明内部，仍回荡着这些旧日论战的余响。当宗教激进主义变得更加咄咄逼人时，这些论战就可能会再次实质性地爆发。

然而，尽管人文主义传统从十八九世纪继承了一种反基督教情绪，并且这种情绪已经成为它的一种历史特征，但是那种有时既由世俗主义者又由宗教激进主义者提出的主张，即世俗主义可以代表人文主义，其实是一种歪曲，就像用宗教激进主义去代表宗教一样。实际上，人文主义针对宗教的态度涉及一个连续变化的较广的频谱，远不只是唯理性地反对任何具有超自然或神秘色彩的事物。

我认为，频谱一端极点的基础是两种不同观点之间的难以调和：一种观点认为人从恩典之中堕入罪恶的境地，只能通过神的干预得到救赎；另一种属于人文主义的观点则认为人拥有潜藏的创造力，而创造力的开发掌握在人类自己的手里。

正因如此，路德、加尔文及其他宗教改革者才在16世纪谴责人文主义。伊拉斯谟想要建立基督教人文主义的希望也在这场争论之中破灭。现代时期宗教信仰衰落的局面，在两次大战期间再次诱发了宗教传统对人文主义及受其影响的自由主义神学的攻击。这次攻击的领袖人物是瑞士新教神学家卡尔·巴特（1886—1968）。在《罗马书释义》中，巴特尝试扭转路德宗教会里那种可追溯至施莱尔马赫的自由主义倾向。他将上帝称为"完全的他者"，认为人没有途径接近上帝，人对上帝的"人化"观念与现实之间存在一种彻底的断裂。只有上帝才能够弥合这种断裂，途径是施与恩典，即通过基督来实现天启；人无法通过自身的力量成功地接近上帝。[1] 巴特后来在很大程度上修正了自己的观念，以至于承认"完全的他者"这个说法太夸张，承认存在一种"上帝的人性"，让上帝能够伸手助人。但是，他仍然反对任何想要将基督教信仰和人文主义结合的尝试；他说这种尝试只会导致"向人类的权利和尊严做出根本性的让步"。对于自由主义新教，巴特写道，"信仰的真正对象不是启示中的上帝，而是信神的人"。[2]

巴特的不妥协态度，再加上他那令人畏惧的神学才能，让他获得巨大的影响力，而且这种影响力又因为他立场坚定地警告德国新教徒不要姑息希特勒而变得更大。他的观点在当时也受到其他新教神学家的挑战，在我看来，他们正好可以帮助说明频谱的一端该如何划分。

在频谱的另一端，我或许可以列举伯特兰·罗素（1872—1970）在早期写的一篇经常被重印的文章——《自由人的崇拜》。在这篇文章中，罗素宣称：

> 人是那些无法预知自己结果的起因的产物；人的起源、人的成长、人的希望和恐惧、人的爱和信仰，都仅仅是原子偶然组合的结果；似火的激情、英勇的行为，以及强烈的思想和情感，都无法阻止

1　转引自 Eberhard Busch, *Karl Barth: His Life from Letters and Autobiographical Texts* (transl. from the 2nd revised German edition, London 1976), pp. 119–120。

2　*Ibid.*, p. 166.

个人的生命走入坟墓；各个时代所有的劳作、所有的忠心、所有的灵感、人类天才在鼎盛时期的所有光亮，都注定会在太阳系的宏大终结之中消亡——所有这些事情，尽管并非全无争议，但也近乎确定无疑，任何对它们加以否定的哲学体系都没有希望立足。[1]

罗素的结论是，人的理想本身就值得自己敬畏，而在为这些理想而战时，人必须承认自己只身处于一个冷漠甚至充满敌意的宇宙之中。

这与卡尔·巴特的观点一样具有极端特征，从原则上拒绝任何对宗教经验或神圣力量的信仰，视其为一种幻觉。但是，在这两种教条式的极端之间，存在多种可以自然地将人文主义与宗教信仰（基督教、自然神论、犹太教）及不可知论结合起来的方式。人文主义和宗教信仰不仅能够结合，而且在历史上也曾经结合，从伊拉斯谟想要通过运用人文主义的学术方法来寻回耶稣原初教诲的尝试，到与启示宗教相对的自然宗教即 18 世纪自然神论者对一种最高存在的信仰（牛顿、洛克、伏尔泰、康德和歌德都以不同的形式共有这种信仰），再到施莱尔马赫那种独立于教条的情感宗教。新柏拉图主义者在 15 世纪承认不同宗教信仰本质上是统一的，殊途同归，指向一种简单的真理；而 18 世纪的莱辛和伏尔泰也持有同样的观点。威廉·詹姆斯在探究各种宗教经验的同时，还像持不可知论的乔治·艾略特那样，承认宗教信仰即使在其合理性不确定时，也具有改变人类生活的实用价值。天主教和新教之中都有现代派，他们尝试通过一些与《圣经》历史批判研究和科学发现相容的方式重新陈述基督教信仰。

此外，我还要补充来自我们这个时代的三个例子。

莱茵霍尔德·尼布尔（1892—1971）在纽约协和神学院担任教授三十多年，最先引起我关注的是他在《道德的人与不道德的社会》中表达

---

[1] 重印于 Bertrand Russell, *Mysticism and Logic* (Anchor paperback edn., New York 1957), pp. 47–48。

的政治观点。他说这本书是出于对"现代自由文化"的强烈愤怒而写的。他严厉地质疑了自由主义和左派思维的乌托邦式假设，展示了一种对权力问题的洞察。这种洞察对我这个政治历史学者而言尤其具有吸引力。尼布尔以基督教关于罪恶的学说反对源自启蒙运动的乐观的人性论。基督教认为罪恶的根基是人类的傲慢：

> ……一种对权力的傲慢，人类自身在这种傲慢中获得了自我满足感和自我驾驭感……不承认人类生活的偶然性和依赖性特征，自视能创造自己的生存、评判自己的价值并掌握自己的命运。[1]

尼布尔认为罪恶倾向在人类生活中普遍存在，但是他否定了巴特的新正统主义，坚持认为人并非生来就罪不可恕，而是自由地犯下罪行。正是这点与人文主义相通，遭到了巴特的抵制。人因为是自由的，所以能够超越本性，创造历史。尼布尔对人类成就的期待很谨慎："圣徒总是禁不住以为恩典或许丰富，罪人则艰辛劳苦地改善人类的关系，使其更可容忍，也更公平。"[2] 正因这些观点，尼布尔本人十分积极地参与政治，一度受马克思主义影响，激进地批判工业资本主义的非人化影响（他在底特律当过13年的牧师），建立并且一度执掌美国民主行动组织。他最令人瞩目的著作是基于1939年吉福德讲座内容所写的《人的本性与命运》。在这本书中，他尝试将宗教改革运动与文艺复兴思想结合起来，其基础是这样一种信念，即只要人不骗自己相信有能力找到历史问题的终极解决办法，那么人在历史上就具有"不被决定的可能性"。

我无论如何都应该将阿尔伯特·史怀哲包括在内，而且他的观点刚

1　Reinhold Niebuhr, *The Nature and Destiny of Man*, paperback edition (New York 1964), v. I, p. 188.
2　转引自约翰·C. 贝纳特论述尼布尔的文章，参见 *Encyclopaedia Britantiica*, 15th ed. Macropaedia, p. 74。尼布尔在吉福德讲座中发展了对于上帝的国与历史领域之间的关系的看法，参见 *op. cit.*, v. II, *Human Destiny*。

好与尼布尔的基督教现实主义形成鲜明的对比。史怀哲在 1875 年生于阿尔萨斯，早年的经历证明了他在哲学、神学和音乐领域都具有杰出的天赋。在神学领域，他写作了著名的、激进的圣经批评作品《历史耶稣的探索》，还写了《保罗及其阐释者》和《耶稣的精神病学研究》。在音乐领域，他是乐团的管风琴师，与人共同编辑过巴赫的管风琴作品，还写过一本研究巴赫的经典著作。所有这些成就都是他在三十五六岁时取得的，但是在 30 岁生日（1905 年）时，他已经决定要做一位传教士医生，将余生奉献于照顾赤道非洲的土著人。

1906 年至 1913 年，他在斯特拉斯堡学习并取得了医生资质。1913 年，他放弃学术生涯，去了法属赤道非洲。在位于非洲最贫穷地区之一的兰巴雷内，他建立了一所医院，并负责管理五十多年。他将自己的时间分别花在非洲和欧洲，回到欧洲是为了通过演讲和演奏管风琴来筹集更多资金。

史怀哲认为，耶稣以及保罗的教诲被他们当时那种认为世界即将终结的末世论信仰支配。如今仍普遍有效的不是神学家们感兴趣的教条，而是耶稣关于"爱的道德"的教诲。基于此，他构建了自己"敬畏生命"（不仅是人类生命，而是所有生命）的哲学，相信只有通过重新发现对生命的敬畏，西方文明才能从疾病中康复。

史怀哲并未抛弃他的智识兴趣。他又写了一本关于圣保罗的作品，研究其神秘主义；他对歌德尤其有好感，并且从基督教出发，探究了印度、中国以及其他国家的宗教思想。这种开放的思想表现在三卷本的《文明的哲学》中，但让人印象最为深刻的是，像他这样天赋异禀的人竟然会将人生中如此之多的时间奉献于言传身教，在医院需要重建时去做劳工的工作，在第三世界最偏远的角落里亲手医治老人、病人和穷人。1965 年，90 岁高龄的史怀哲在那里去世。

马丁·布伯（1878—1965）几乎和史怀哲是同代人，他在史怀哲出生的三年后生于维也纳，在史怀哲离世的同年去世于耶路撒冷。布伯

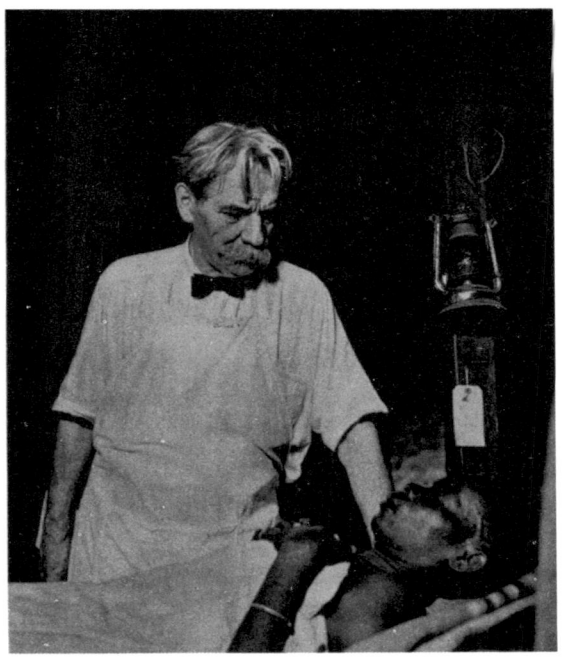

是20世纪西方宗教思想史上影响最大的犹太思想家。在他最著名的作品《我与你》中，他定义了人类涉及的两种基本关系："我–它"和"我–你"。"我–它"被他称为"经验"，描述的是人类生活中客观、功能性的维度，是那些要以"某事物"为对象的活动：保存、从事、思考和想象某事。这些活动对人而言是必不可少的，但是如果谁只生活在这个层面，那么他就不是完全的人。"我–你"态度被布伯称为"联系"或"遇见"，是一种主体对主体的关系，而非一种主体对客体的关系。与"我–它"关系不同，"我–你"关系既是一种完全之人的关系，也涉入了相互回应的关系，这种相互回应在超然、客观的经验态度中并不存在。这种关系最明显的例子是两个人之间的关系，但是布伯相信我们与自然之间也可能有一种"我–你"关系。

科学采纳的是"我–它"态度，为我们展示了一个各种对象的世界；宗教则采纳我们冒险进入的各种"我–你"关系，并通过这些关系确立了一种通向永恒之"你"或上帝的视角。"每个具体特殊的'你'都是向永恒的'你'所做的一次眺望"，也就是说，通往上帝的道路并不是抽象的

图 4.9
1955 年史怀哲在非洲生活的两面：练习巴赫的曲子，以及在兰巴雷内由他建立的野外医院巡视

思想或教条，而是人与上帝的个人关系，而人际关系是这种关系的一种反映。

现代世界各种弊病的产生，是因为人与人之间以及人与上帝之间的"我-你"关系被缩减为非个人的主体与客体之间的"我-它"关系，且对待自然的"我-它"态度也没有被提升至"我-你"关系。

在我看来，人文主义价值观不仅相容于尼布尔的基督教现实主义、史怀哲的"敬畏生命"、布伯的"我与你"哲学，还构成了这三种不同的宗教哲学的必要部分。我认为任何一种结合了信仰的人文主义——一种相信宇宙中存在比人类自身更伟大、可赐予帮助的力量的人文主义，都能提供更强有力的立场，比一种（用罗素的话来说）认为宇宙冷漠或充满敌意，人类只能依靠自己捍卫价值的人文主义更强有力。

10

前文关于伯特兰·罗素拒斥宗教的内容引自《神秘主义与逻辑》一书。而就在这本书中，罗素将自己的信仰寄托在科学之上，认为科学是唯一一种确定的知识形式，即使在道德操行领域，也是最可靠的指引。这种科学观历史悠久，可追溯至卢克莱修和某些前苏格拉底哲学家。伏尔泰和哲人在 18 世纪成功地复兴了这种观念，将科学奉为新的启示，认为它提供了理解人类和社会的方法，就像它提供理解自然世界的方法那样。

在 19 世纪中叶以前，科学的专业化程度并未达到让受过教育的人们无法理解最新科学发现和理论的地步。科学与人文之间的分裂还未发生。查尔斯·莱尔的《地质学原理》（1830—1833）和达尔文的《物种起源》（1859）甫一问世便被受过教育的大众广泛阅读和讨论。

科学与人文的分裂不仅发生在科学变得更加专业化和职业化时，还发生在一种独特的科学式人类观开始出现时。当时人们必须面对的问题是，在达尔文证明了人类与动物世界的其余部分具有连续性后，这种科学式人类观要如何与宗教或人文主义的传统人类观调和？

由托马斯·亨利·赫胥黎提出，随后又被许多科学家重申的正统答案是，科学式人类观，就像科学式宇宙观一样，取代了以前不科学的人类观，而且就像因知识的进步而被证明有缺陷的早期科学假设一样，这些不科学的人类观此时也必须被摒弃。按照孔德的历史发展三阶段，在神学阶段和形而上学阶段之后到来的是科学阶段，其中宗教和哲学变得多余，科学作为人类理性的最高成就，取代了人文主义。

针对这种思路，我们可以提出一点强有力的反驳。启蒙运动希望将科学方法从自然领域扩展到人类领域，以便解放人类。随后科学的成功在很大程度上满足了这些希望，不仅提高了人类的生活水平和物质舒适程度，还减轻了人类遭受的饥饿、疼痛、疾病和恐惧——我们已经对这些巨大的益处习以为常，但是在前人那里它们却如奇迹一般。与此同时，科学也是人类思想的最伟大成就，这种成就的获得不仅依赖个人的天才力量以及智识上的科学方法训练，还依赖一种跨越民族、文化和语言，让其他所有人类事业都相形见绌的集体努力。人文主义无疑在其中起到了作用。

我不知道有多少科学家会接受这种观点，但是有必要讲明它可能产生的影响。当然，许多科学家也像纯粹接受人文教育的学者那样，赞同人文主义价值观，喜爱人文和艺术。然而，问题在于他们如何看待人文和艺术知识与科学知识之间的差异；他们是否像罗素那样，认为只有科学知识才能提供严肃、可靠的模型，让人不仅理解宇宙，而且理解人的本性以及人在宇宙中的地位？因为科学所赖以成功的方法，只可以被用于研究那些能够被明确观察和精确衡量的现象，而人文和艺术的传统主题——信仰、价值观、情感、对艺术的不同反应、人类经验的模糊性，以及社会互动的复杂性——无法轻易地通过这种方法来研究，除非基于一种在我看来本质上是还原论和决定论的方式。

我认为这种情况不会发生改变，即便许多生物学家和生理学家都还怀有别的希望——鉴于生命科学在 20 世纪已经取得巨大的进展，人类生命也许可以完全进入科学研究的范畴，并且最终由科学来控制和修改，我们需要的只是时间。因为这似乎意味着到那时人们就可以彻底地将精神和情绪现象归因于物质。

我觉得这种解释，无论是现在这样有漏洞的形式，还是未来变得完整的形式，都难以令人满意，原因就在于唯一一件我有直接认知的事情，即蒙田在很久以前指出的：我的个人经验。我的个人经验取决于身体中以及我赖以为生的环境中的物理秩序，并且与这种秩序有着牢不可破的联系，这点是不可否认的。我也并不怀疑，生命科学会通过对基因和大脑的研究，继续让我们日益理解这种关系极其微妙的运作方式。但是，经验让我相信人类意识不能被简化为与其所处物质载体的关系，也让我相信还存在其他东西，这个东西可以被视为一个过程，而非一个客体，不能被还原为它所依赖的物质或社会环境——随便你怎么称呼它：灵魂、精神、心灵、思想或意识流。

这让我想到了由维柯最先阐释，后来被狄尔泰和卡西尔等德国哲学家，以及被克罗齐和柯林武德发展的另一种观点：自然世界以外还存在一个有人类参与的维度，即一个属于人类文化（广泛人类学意义上的人类文化）的世界——一个属于观念、价值观、信仰、艺术、语言、符号、神话、制度、历史（包括科学史）的世界，而且这个世界的特征是人类可以借助"精神科学"——人文学和人文研究意义上的社会科学，以进入的方式从内部去掌握和理解上面所说的人类文化，因为它们是人类创造出来的。

我举一个例子来说明：一场正在演奏莫扎特协奏曲的公共音乐会。我们完全有可能动员所有不同领域的专家来尽可能详细和彻底地描述这场音乐会——建筑家、声学家、物理学家、生理学家、实验心理学家、空气和温控领域的专家，以及分类研究演奏者和观众的经济学家和社会学家。但是，其中并不涉及那件让所有人聚在一起的最重要的事情，也就是演奏和聆听莫扎特音乐的经验，这种个人经验在每个人身上都各不相同，无法在任何程度上被准确地描述或衡量，却又无法被简化为它所依赖的物理条件。某一种物理条件的变化——例如我在音乐会期间去世——确实能够终结这种经验，就好像死亡让莫扎特不再能够创作更多的协奏曲一样。但是，这并未改变我在活着听音乐会时的经验的真实性，也并未改变乐谱上的黑色符号对人类而言的意义，而且从科学角度来解释其中的原理，无论解释得多么全面，都不足以传达这种意义。

当然，这两方面是互补的。音乐会和参与其中的人们同时属于两个世界，既属于物理世界，因而可以通过自然科学来研究，也属于目标和意义的内心世界，因而可以通过精神科学来探究。歌德同等重视客观和主观两个世界，坚持认为它们应该统一。我也认为，除非能重新实现统一，否则人文主义传统将因为无法接近那部分也许是人类最引人瞩目的成就，而停留于贫乏状态之中。

再次说明，我并不知道有多少科学家会赞同我表达的观点，或者赞同我抨击的观点。或许我假想中与我辩论的科学家并不存在；或许20世纪80年代的科学家并不会提出我这样的问题，而会像恩斯特·马赫在19世纪80年代那样提问。20世纪的物理学革命会有多大影响？遗传学革命呢？又或者对大脑的研究呢？或许，科学知识爆炸的速度太快，让参与其中的人们顾不上关心这些问题。

那些坚持讨论科学在哲学和人文方面影响的思想家，比如怀特海和阿瑟·库斯勒，尽管被许多科学家怀疑，却让我更有勇气相信我在这里谈论的问题应该被严肃对待。它们很可能需要被以极为不同的措辞和语言来重新表述。我希望看到这些问题被人提出，因为肯定并不只有我一个人认为，要调和本应被视为整体的两个分裂的世界，同时又不将其中任何一个化约为另一个，这是人类智识所面对的最大挑战。

最令人激动的是看到这种西方文化中的大分裂有终结的迹象，看到科学家眼中的世界与艺术家、作家、批评家和学者眼中的世界能够逐渐建立相互理解的联系，同时不用牺牲任何一个世界的独立性和有效性。这点如果能实现，就将为人文主义传统展现出全新的人类经验前景。

第五章
人文主义有未来吗？

I

关于人文主义传统的历史发展情况，我已经从文艺复兴讲到20世纪30年代，现在是时候放下这个话题，在最后一章中关注人文主义传统在20世纪必须面对的挑战。我们进而要问这样的问题：这种挑战是否意味着人文主义传统的终结？或者说，人文主义在我们这个时代以及在未来是否仍然有其作用？

对我这代人而言（对年轻一代而言并不必然如此），最重要的挑战包括纳粹德国的崛起、第二次世界大战、冷战的激烈阶段；也就是说，它们大约发生在从1933年年初希勒特掌权到1953年这段时间。但是，站在20世纪80年代以更长时段的眼光来观察，那一系列危机似乎都只是西方人文主义面临的长期挑战的一部分。

我想在此探讨的就是这些长期挑战。我将它们分为四类，将1933年至1953年的那些事件归入最后一类。四类挑战分别是：

1. 人口的增长和历史规模的变化；
2. 技术，以及历史的时间节奏变化；
3. 集体主义和极权主义；

4. 战争，以及暴力的蔓延。

世界的总人口在基督时代估计为2.5亿，在1750年前后工业革命开始时为7.5亿，在1925年达到20亿，接下来半个世纪里再次翻番，并且预计将在2000年超过60亿。同样令人震惊的是城市规模的增长。迟至1800年，世界上人口超过百万的城市据信只有两个，即伦敦和广州。1980年，人口超百万的城市有109个，其中有16个城市人口超过500万，而且墨西哥城的人口预计将在20世纪末达到3000万。

人口的增长有两个后果。首先，大量的新增人口生活在令人难堪的贫困环境中，例如在非洲和拉丁美洲。孟买、墨西哥城、雅加达等城市的生活环境极其拥挤，极其屈辱，以至于在那里谈论个人自由以及人文主义传统看重的其他价值，谈论自己以及孩子的生存之外的事情，都会沦为笑柄。其次，提供生活必需品来养活第三世界贫穷国家的人口涉及大量的问题，处理大城市（即使是伦敦、纽约这样的富裕城市）的种种问题——不仅包括贫穷和疾病，还有犯罪、剥削、种族矛盾、毒品泛滥——也需要范围极大的社会组织工作。面对这样的情况，人们只能采用关注整体和平均状况的集体性措施。此时，个人的境况应该由谁来关心，又有谁会关心呢？

科学（例如医学）和技术（例如改善的卫生、供水、通信）为解决这些问题或者至少防止它们恶化提供了最佳的方案——这个事实是那些责骂技术的人们应该记住的。但是，至少在20世纪的大多数时间里，人们在利用技术来解决问题时没有充分关注它们恰当与否，没有关注它们对环境和人类造成的后果。E. F. 舒马赫（1911—1977）之类的人呼吁使用替代性的、小规模的或间接的技术，但长期以来都受到偏见的阻碍。在工业化国家，为技术进步清除障碍（尤其是关于节约资源的疑虑，或者关于诸如数百万人失业或居民背井离乡等长期社会影响的疑虑）的必要性，已经成为政府的陈词滥调，成为古典经济学的一种新式"铁律"。即使是权衡技术的代价和好处，或者询问是否有潜在的替代品（尤其是在军事或太空技术领域），也会被视为进一步证明一种仍然包含人文主义元素的教育不适合于未来的技术世界。

对参与科学和技术进步的人们而言，越来越快的进步节奏令人激动得喘不过气，通过掌控自然来改变世界的实证主义梦想仍然拥有巨大的效力。他们坚信这必定会造福人类，没有什么能够动摇这种信念。但是，那些被动、非自愿参与变化过程的人，那些构成"人类"这个方便的抽象概念的单独个人，他们的回应要含糊得多。就算他们承认改善卫生条件和生活水平有好处，那种被不断鼓吹的信息——即技术进步不能被暂停甚至减缓，其后果只能被接受——也让他们坚信，他们无法控制那些能够深刻影响他们生活的新事态，他们作为人类已经在技术价值的天平上变得无足轻重。

集体主义者很容易推断，那种认为个体人类具有任何价值或权利的观点不仅是错觉，还极具误导性，并且遮蔽了这样一个事实（根据他们的论证），即只有通过作为国家、民族、种族或社会阶级等集体的一分子，人类才能够获得价值或权利。

加入诸如教会、政党、职业或社会的组织之类的群体，这长期以来就是任何个人在民主社会中享有的权利之一，而且这些群体的数量和多样性一直被视为对民主体制力量的考验。更进一步，这种集体主义观念还体现在工会制度（"团结就是力量"，单个的工人没有能力捍卫自己的利益），以及为无能力自我供养的人们提供教育、住房、卫生等方面所需品的国家社会主义计划或行政干预措施之中。在工业化社会中，这些做法最终作为人权的自然延伸被人接受。但是，这种意义上的集体主义与20世纪那种以整体民族主义、法西斯主义、纳粹主义为表现形式的集体主义，二者之间存在极大的差异。在后面那些形式中，个人要让自己的全部人生从属于国家的需求——这样的国家无所不包，不容忍半点独立的苗头，并且将所有的权力集中在自己手里，无论其集权的框架是民族、大众、某个优势族群，还是某种宗教。

图 5.1
西班牙艺术家胡安·赫诺韦斯在 1966 年创作的《焦点》，人类在画中被描绘为惊慌失措的人群，被置于显微镜的镜头或者探照灯的光束之下

事实是，今天世界上存在着这样的政权：它们无论运作效率有多么低下，都具有集体主义的性质；它们认为治下的人类可以被任意支配，没有任何人有权利来反对它们专断地行使权力，包括监禁、虐待和处死那些哪怕仅仅被怀疑反政权的人，甚至包括那些时而发生的针对少数族群或宗教少数派的灭绝行动。许多自由主义者和社会民主主义者曾经踌躇满志地以为，代议制和民主权利会逐渐在其他地方确立起来，但是这种幻梦已经被打碎。在尝试过推行民主的地方，常见的情况是：腐败和动乱导致民主崩溃，进而使得民众盼望某一个强人或某一个政党掌权。

有人会做出自满的分析，将这种现象的原因归结为其他地方缺乏欧洲民族的经历和传统。然而，回忆两个事实便能打破这种自满：世界上首个上台掌权的法西斯政权出现在意大利，而意大利却是欧洲最文明的国家之一，其人文主义传统可以追溯到比文艺复兴更久远的西塞罗和罗马共和国；世界上最强大的两个集体主义政权都位于欧洲。

在欧洲，左派对作为他们根源的人文主义传统漠不关心，仍然盲目地

图 5.2
个体被集体吞噬：1934年希特勒在纽伦堡的纳粹党代会

追求左翼革命的乌托邦梦想时，20世纪的真正革命性发明——操控的技术（政治宣传和含糊辞令，希特勒那种宣传加恐怖的手段）以及此后便被广泛复制的警察国家制度——最先在纳粹德国的宣传部、监狱和集中营中被发展出来。

中东欧各民族在20世纪的经历（此外，还不要忘了西班牙内战或德国对希腊的占领），在作为人文主义传统发源地的欧洲大陆的历史上是独一无二的。14世纪的黑死病害死的欧洲人更多，估计为总人口的1/3；中欧的许多地区在宗教战争期间成为废墟，活下来的少数人落入同类相食的境地。但是,真正令人难以想象的却是 20 世纪大规模毁灭人类的行径,以及它那种故意和系统性的特征。如果我们将两次世界大战中欧洲被暴力杀害的人数,以及纳粹集中营中被害的人数相加,那么从 1914 年战争爆发到 1953 年,这 40 年时间里总遇害人数必定超过五六千万,更不用说还有好几百万人尽管活下来,却身体伤残或者因为悲惨遭遇而留下永久的心理创伤。

那种从 1914 年持续到 1923 年年底的暴力和镇压的循环似乎在 1924 年到 1928 年的短暂时间里显示出终结的可能,但事实上并非如此。那种循环再次出现:大萧条、希特勒的上台,以及 1939 年第二次世界大战的爆发。第二次世界大战结束时,这种循环并没有减缓,欧洲的分裂、冷战以及世界性核战的威胁紧随而来。这次的暴力遍及全世界,延伸到了亚洲、非洲、中东、拉丁美洲,成为许多地区的长期性问题。许多地方从殖民统治中独立出来,但这种成就却经常染上内战的污点。种族和族群屠杀、蓄意的无差别恐怖活动和暗杀,甚至种族灭绝的企图,都成为常见之事。

我没有必要继续列举这类恐怖的人类行径。上面列举的已经足够,此刻我要面对这样的问题:当我自己或者其他任何人谈论人文主义传统时,怎么能假装在今天这个十分残酷、对人文主义价值观十分冷漠的世界里,

图 5.3
战胜:1941 年,在人文主义传统的诞生地雅典,纳粹军队在卫城升起纳粹旗帜,以此宣示希特勒征服了希腊。图中可以看到帕特农神庙

人文主义传统仍然具有效用或意义（人们在回忆起这些价值观当初蕴含的希望时只会感到苦楚）？

2

在尝试回答这个问题之前，我要指出我对 20 世纪历史的叙述是不完整的，它需要其他更多的积极元素来平衡。例如，一个事实是，西方强国不仅击败了来自轴心国的外部挑战，同时也没有抛弃自己的民主制度和价值观；这些民主制度和价值观最能够体现人文主义传统，无论体现得有多么不完美。此外，西德、意大利和西班牙摆脱了法西斯主义，同时也没有

图 5.4
战败：鸟瞰被摧毁的德国城市汉诺威，摄于 1945 年第二次世界大战结束时

陷于集体主义。

另一个事实是，西方的主要意识形态挑战，也就是苏维埃模式已经失去了吸引力。有许多事实能够证明这一点：共产党在统治东欧近四十年后，仍未赢得东欧各民族的支持；苏维埃政权变得停滞，无法适应改变；南斯拉夫和西方一些马克思主义者都放弃了苏维埃模式。

在1945年战争结束后，西欧各国，包括战败分裂的德国，开展了一场令人瞩目的经济和政治复兴运动。在马歇尔计划至1973年的25年里，这场复兴让各国达到史无前例的高度繁荣，其成果的共享也史无前例地平等。在第二次世界大战的所有受害者中，从大屠杀中幸存下来的犹太人所承受的伤害最大；但是，犹太人在创建自己的以色列国时表现出来的那种复原能力和信仰也是无可比拟的。这段时期还见证了各殖民帝国的终结，其中最引人关注的是大英帝国。英国人民欣然接受了帝国的终结，原本独立的帝国转变成一个平等的联邦。

图 5.5
1980 年 8 月，人们在格但斯克造船厂大门前集会示威

第二次世界大战结束后，美国没有像第一次世界大战后那样突然撤离欧洲，而是率先承担起欧洲经济复苏的责任，在近40年的时间里通过北约为西欧的独立承担了风险。就在这段时期，美国黑人的地位也得以和平地改变。我们在面对那些仍待纠正的罪恶行径时会感到愤怒，而且是特别正当地感到愤怒，但在愤怒的同时不要忘记我们取得的成就，哪怕只是为了鼓励自己继续奋斗，让成就变得更大。

此外，只要避开我们20世纪历史表述中的那些客观力量、抽象观念和泛泛之论，深入理解历史中的个体人类，我们就总是会看到人们在勇气、自我牺牲精神、同理心、领导力、忍耐力方面达到非凡程度的例子——例如在各次抵抗运动中，甚至在集中营里，这类例子不仅见于战争期间，而且在战后的每一年都有表现。这些事例引人关注的地方在于，它们经常描述人们能在自己身上找到潜藏力量来面对处境的行为。

两个问题出现了。为什么人们会有这样的行为，会在有可能（许多时候必定）遭遇死亡或更糟糕情况时义无反顾，故意选择将他人的需求，某种使命感，或者将对某项事业的忠诚置于自己的生命之上？为什么我们会钦佩和赞扬他们的这种行为，觉得他们的行为（如我们所说）让我们对人性又有了信心？这是整个历史上西欧大多数民族的反应，也显然是我们现在的反应，尽管个体人类——在他们自己看来，也在其他人看来——似乎特别经常地被现代世界中规模庞大、冷漠无情的事件和组织贬低到无足轻重的地步。

这将我带回到之前的问题：在人类对自己的同胞施加了那些暴行之后，我或其他人怎么能继续"相信人类"或谈论人文主义传统呢？如果我清楚地理解了此类行为激起的憎恶，我就想要追问：在人类所遭受的非人道待遇面前，我们感受到的憎恶以及经常做出（当然也是需要做出）的反抗，它们的根据是什么？除了一种认为人类不应受此待遇的本能反应，除了一种作为人文主义传统核心的对个体人类内在价值的信念，我们的抗议和义愤还能有什么根据呢？

图 5.6
第二次世界大战期间，法国抵抗运动的一名成员在面对德军行刑队时毫不退缩

有一种相反的见解，认为纳粹主义和集中营的现象均属于德国，而德国又是世界上教育程度最高且人文主义教育最普及的国家，仅凭这个事实就能够证明人文主义传统毫无作用。这是乔治·斯坦纳的讲稿《在蓝胡子的城堡中》提及的论断。斯坦纳本人就是人文主义传统的产物，但他在其中表达了对该传统的厌恶：

> 相当多的知识分子和欧洲文化机构都在不同程度上默许了这些无人性的暴行。在达豪集中营里发生的事情，丝毫没有妨碍隔壁的慕尼黑举办贝多芬室内乐冬季大巡演。在刽子手们拿着导览册，虔诚地参观博物馆时，墙上的油画一幅也没有少。[1]

在此我认为大家应该再次听听托马斯·曼的说法，他早在1923年就看明白并指出，在歌德和洪堡之后发展出来的德国的人文主义，与英国、法国和美国的人文主义之间的区别在于，前者关注内心的塑造，即自我修

---

1 George Steiner, *In Bluebeard's Castle* (New Haven 1971), p. 63.

养,反对"客观世界、政治世界,因为正如路德所言,'这种外部秩序无关紧要!'"。[1]托马斯·曼像歌德一样历经艰辛才摆脱对内在性的片面关注。他认为这种片面关注可以解释为什么德国经常出现一种历史现象,善的动机导致恶的结果,例如在宗教改革和浪漫主义运动中出现的情况,以及德国受教育阶级无力抵抗纳粹主义。

我并不是说单靠这一点就能解释希特勒的崛起,或者解释德国受教育阶层在看到他上台时表现出的满不在乎。纳粹主义这种现象无法用单一的原因解释。但是,我认为托马斯·曼触及了对我们这个时代极为重要的问题:受教育人士(无论他们接受的是人文主义传统还是科学传统的教育)对今天民主国家流行的政治模式经常感到厌恶和鄙夷,而在他们摒弃了公民人文主义理想之后,结果会如何?

对度过了20世纪灾难的人们来说,人文主义传统令人烦躁不安之处在于,它那种坚信人类生性本善并能臻于完美的信念,它那种洋溢在18世纪启蒙运动之中的乐观精神,以及它那种贯彻在19世纪实证人文主义之中的对科学、进步和未来的信心。但是,这样概括人文主义传统犯了以偏概全的错误,正如我若干次指出的,它错在以人文主义发展历史中的某个阶段来代表整体。启蒙运动只是人文主义传统的一个阶段,而整个人文主义传统却可以追溯到古代世界,追溯到文艺复兴时期对古代世界的重新发现。

一旦忽视了人文主义的早期历史(如古代世界的斯多葛主义,或者残酷极端的宗教战争中蒙田对斯多葛主义的重新阐发),许多批评人文主义的人就忽视了人文主义传统中也存在比较现实主义的观点。这种观点接受人类的局限和弱点,并不相信人类生性本善,就像并不相信人类生性本恶一样。它更强调对人类的创造潜能的信仰,相信这种潜能在被唤醒后就会开花结果。

---

1 Thomas Mann, 'Geist und Wesen der deutschen Republik', 1923年6月,转引自 Bruford, *op. cit.*, p. vii。

我已经说过，这种与18世纪乐观精神不同的观念，被歌德、马修·阿诺德、罗斯金和莫里斯等一系列严厉批判进步必然性的19世纪人文主义作家继承。在19世纪80年代至20世纪30年代之间，一种新型的人文主义开始浮现。它摒弃了较早时期的那些乐观假设，认为自己的出发点应该是承认人性的双面特征，承认易卜生、弗洛伊德和马克斯·韦伯已经说明的个体人类与人类社会中的非理性力量。

没有哪种关于人的哲学能够经历20世纪中叶而毫无改变。人文主义观念是这样，基督教的、马克思主义的、科学的观念也是这样，它们全都不得不奋力去面对人类的深刻苦难及其所揭示的恶。但是，不得不面对这类挑战的人文主义，与19世纪那种在人们看来自由、乐观、讲求实证的人文主义已经迥然不同。这种新人文主义有多大的希望能够熬过20世纪中叶的经历，面对我描述的那些持续不断的挑战，仍是一个我要进一步探讨的问题。但是，两方面的事实揭示出这个问题的严肃性：一方面，人类在希特勒政权下的遭遇激起了无可比拟的愤怒；另一方面，无论是在西欧还是以色列，战后重获自由的人们又表现出了无可比拟的恢复能力。

3

另一种不同的论断认为，人文主义是一种属于资产阶级个人主义时期的意识形态，在一个摒弃个人主义、走向集体主义的世界里没有一席之地。

我采用的历史进路的价值在于，它表明将人文主义与马克思主义意义上的资产阶级个人主义等同起来的做法仅仅适用于人文主义历史上的特定时期，即从1776年亚当·斯密出版《国富论》到20世纪30年代中期凯恩斯出版《就业、利息和货币通论》以及罗斯福施行新政之间的一个半世纪。如果这样描述古代世界最初的人文主义，或者描述文艺复兴时期重生的人文主义，结果都难以令人信服。而且，这样做忽视了另外一种人文主义——它正好对那些特别明显可以与经济个人主义等同起来的元素持批判态度，这种人文主义在 19 世纪已经有所表现，并且在 19 世纪末和 20 世纪初发挥影响，促进了自由主义和社会民主主义政党采纳干涉主义方案。

在我看来，除非加上这些历史限制，否则我们就不能肤浅地将经济个人主义与更为根本的人类个体性等同起来。个体性在人文主义传统中至关重要，这点我赞同。但是，个体性并不意味着一种原子式的社会观，即认为社会由一个个持有怀疑和敌意、相互孤立的个人构成。相反，按照人文主义的社会观，社交的冲动、想要发展人类关系的欲望、对情感与合作的需求，以及想要归属某个群体的欲求，都是人类生活的重要部分；缺少了它们，个体的身份就仍然得不到充分发展。

与他人一起行动是人类最大的潜质之一，或许就是人类最重要的潜质。归属于某个群体——无论是自愿加入的，还是生来就在其中的（如在民族或族群文化中那样）——是人类个体性的一种必要的、特别令人满足的体现。人是社会动物，同时也是可被单独辨识的个体。

我们这个时代的聪明人说过，上帝之死后面紧跟着人类之死，自我身份和个体意识已经消解成一系列互不相关的感觉。这是大卫·休谟在 200 年前讨论过的观点，威廉·詹姆斯也在他的《心理学原理》中讨论过它，但是他们都没有认可这种观点。还有人认为，既然个体人类受到其阶级或社会环境的制约，那么自由、责任、正义、人道这样的词语，要么毫无意义，要么只有在适用于阶级、民族或种族等集体时才有意义。

不可忽视的是，20 世纪的人们如果要保障和依赖他们的自由或权利，通过工会、政党、压力集团和国家来实施集体行动就必不可少。我已经说过，我不认为这种必要性与人文主义传统对人类个体性的强调之间存在任何矛盾；相反，我认为集体行动延伸和保护了人类个体性。但是，我相信，至少在西方国家，大多数人类无论隶属于什么政治组织，都继续视自己为个体，认为自己享有作为个体的权利，应该被作为个体来重视。我也同样相信，个体身份的意识未被根除或摆脱，它仍然被那些在集体主义政权下受过苦或仍在受苦的人们坚定地信仰。俄罗斯诗人奥西普·曼德尔施塔姆（1891—1938）写道，社会结构的衡量尺度是人，但是有些时代忘记了这一点，"人们说无暇顾及人，说人应该被用作砖块或水泥，人是建筑的材料，而不是建筑所服务的对象"。曼德尔施塔姆将他所处的斯大林政权比作古代亚述和埃及帝王的政权。他的遗孀娜杰日达·曼德尔施塔姆在对苏联生活的独一无二的讲述中补充道：

> 那些被亚述帝王下令杀戮的囚徒，不正是如今令我们生畏的、只要在"钢铁般的"社会制度建立后便会出现的"群众"吗？但是，人们在日常劳动生活中却仍然忠于他们的自我。我始终能看到，在医院、工厂和剧院这样的封闭世界里，人们过着完全有人性的生活，没有变成机械，也没有变成"群众"。[1]

娜杰日达·曼德尔施塔姆关于"群众"的评论，立即让我们想到欧洲和北美之外的世界，想到非洲、亚洲、南美洲和中美洲那个拥挤的、贫困的世界。西方的人文主义传统对它们有什么效用或意义？

印度以及亚洲其他地方的有些朋友批评我的这些讲座，说我假定了人文主义传统是西方特有的，而印度或中国等文化中没有相应的传统。这种批评是恰当的。即使我因为经验的局限，无法在讨论西方人文主义传统时将这些不同的传统考虑在内，我们也至少应该承认别处有其他的人文主义传统。只需一个例子就可以说明西方能够从这些传统中学到多少东西。

---

[1] 奥西普·曼德尔施塔姆将斯大林的俄罗斯比作亚述和埃及，这种比喻见 Nadezhda Mandelstam, *Hope Against Hope*, transl. by Max Hayward (New York 1970) 的第 54 章。此处的引文是这章最后一段，见企鹅出版社版（Harmondsworth 1975）的第 308 页。

图 5.7
圣雄甘地,在印度反对英国的非暴力不合作运动的领袖

在 20 世纪成功动员了"群众"的领袖中,甘地(1869—1948)的表达方式最容易被西方人理解。他熟读托尔斯泰和梭罗的作品,它们帮助他构想出非暴力不合作和消极抵抗的策略,而这种策略最终击败了英国人。

印度赢得独立后,甘地前往群体骚乱最为严重的加尔各答,冒着丢掉生命和威信的危险呼吁印度教徒和穆斯林停止屠杀,这就是人文主义传统中公民勇气的一个重要例子。还有一个例子同样令人震撼。甘地的亲信曾经问他,如果他们要在没有他的情况下承担起治理印度的重任,那么他要给他们留下什么法宝?甘地回答说,每个人在做抉择时都应该考虑自己曾经遇到过的最穷苦的人,自问所做的抉择将给这个穷苦的人带去什么好处。[1]

从亚洲和第三世界的角度来看,20 世纪的历史会显得极为不同。它

---

[1] 这种解释来自印度期刊《研讨会》的编辑兼出版人罗梅什·撒帕尔和拉杰·撒帕尔,他们也参加了阿斯彭人文研究所在巴卡格兰德牧场举办的那场研讨会。

的主要内容是殖民主义的终结、民族的独立，而且如果不把革命算在内的话，至少也要包括那个扰乱传统社会的现代化进程的开始。我与一些亚洲人和非洲人有交往，所以我相信，至少在非西方世界中较幸运的地区，随着这个进程的继续，只要人们有能力将眼光投到比生存更高的地方，那么无论人权观念是否已经成为他们自己传统的一部分（局限于特定的种姓或阶级），它都将是他们领会和尝试吸纳的首批事物之一。

有成千上万甚至上百万人目前还不知道人权为何物，在他们那里人权即使能够成为现实，也需要花很长一段时间。但是问题并不止于此。即使确实要花很长时间，有两件事情也特别重要。首先，原则上我们不应该认为人权观念不适用于第三世界的人民，即使它在最开始仅适用于特定的个人。其次，在与世界上的这些地区打交道时，我们必须忠于那种造就了西方制度的哲学，必须坚持不接受种族隔离，也就是不应该把其他种族和文化的人们排除在外，应该把他们视为与我们享有同样权利的人类。

我不认为在拉丁美洲或非洲专制政权下受苦的人们（无论是黑人还是白人）没有能力理解那些以人权之名帮助他们的倡议和抗议。《联合国宪章》《欧洲人权公约》以及国际特赦组织的工作在暴力的世界里或许仍然很脆弱，但它们是将我们国家受宪法和法律保护的权利扩展到所有国家的

图 5.8
1983 年 8 月，阿根廷妇女代表数千名在军事独裁政权下毫无消息或未经审判就"失踪"的人进行示威。该国的独裁军政府在 1983 年倒台

首次尝试，而且即使在专制国家（无论左右），它们都产生了令人惊讶的影响。谁都无法说服我接受这种人文主义权利观念已经过时、无关紧要、只属于资产阶级，或包含白人至上、新帝国主义的偏见。

4

然而，人文主义传统是否有现实意义这个问题，仍然需要先在西方世界寻求答案。我们拥有更高的生活水平，拥有健全的制度，如代议制议会、负责任的政府、自由选举、法治、国内和平、公共教育、言论自由和福利国家，所有这些都源自人文主义传统。我们的这么多东西都归功于人文主义传统，如果我们不再相信它有现实意义，那就不可能说服世界其他地区的人们相信它。

这些制度一旦建立，若不是受到威胁或者被破坏，就很容易被人们视作理所当然，人们的注意力就会集中在它们的实际缺点而非它们代表的成就上。但是，人文主义传统的现实意义，并不在于它馈赠给社会的东西具有持续的价值（尽管我认为承认这一点也很重要），而在于它有能力为困扰社会的新问题提供答案。

什么问题呢？只要阅读《纽约时报》或《卫报》，任何人都可以列出一些问题，如城市内部衰落、毒品、辍学、肆意破坏、犯罪、暴力、家庭破裂、虐待儿童、失业、贫困、种族矛盾、恐怖主义、孤老、污染、军备竞赛，以及核战争威胁。我不想再重复列举这些问题，也不想再详述人类的苦难，只想概括地指出两点。

首先，我们人类是不完美的生物，生活在不完美的世界里。即使是在最繁荣和先进的社会里，我们也不可能永久地摆脱各种问题。但是，一个社会能够容忍的人类苦难和愤怒是有限度的。超过了这个限度，就可能导致社会秩序崩溃，导致"不适宜的"情况，甚至有可能导致革命和内战。

不过，除非因为战败，否则这种情况不大可能发生在西欧和北美那些有序的工业化国家里，尽管我认为对战败的担心和相应的预防措施可能加剧这种真正的危险。然而，我认为真正的威胁不在于革命和巷战，而在于人类关系的不断恶化，在于人们对待彼此的方式的恶化，因为"社会"这个抽象词语背后的实质是人类关系。我在此处想到的是家庭这个私人世界（人与人的个人关系，儿童和老年人的待遇），以及政治这个公共世界（地方、全国甚至国际的关系，以及学校、社区、工作场所里的关系）。如果要找一个词来描述我所担心的情况，那就是"自我封闭"的社会——在这样的社会中，人们将自己封闭在私人空间里，逐渐害怕相互沟通，最终失去了沟通的习惯。

我要指出的第二点是，尽管这种恶化对贫穷和弱势群体的冲击最大，但是没有人能够免受影响。正如19世纪的富裕阶级发现的那样，没有人能够免受霍乱疫情的影响——这个发现促使人们采取了有效的公共卫生措施。无论是哪个社会，力量都不仅仅在于那些可以用经济和社会数据衡量的因素，还在于其凝聚力，在于其道德力量，也就是说其成员要有足够的共同利益感、共同价值感以及相互信任，在面对挑战时不至于分崩离析，不至于形成那类在1918年后让德国社会分裂进而为希特勒开辟道路的对立团体，也不至于形成那种在1940年让法国落败的人人为己的局面。

如果我们不愿意接受那种认为未来人类社会将被权力和恐惧主导的霍布斯式观点（这正是希特勒的看法），那么我相信人文主义进路对于应对（即使不是彻底解决，至少也是缓和）我们的问题有着不可或缺的作用。许多问题无法通过政府干预来应对。即使政府出手干预，也经常没有成效（如海外援助那样），除非这种干预能够以自下往上的倡议为基础，或者以底层群众的响应为基础。

自人文主义传统在文艺复兴期间重生以来，与它相关的最重要的一种信念是：人类在命运面前并非软弱无力，而是拥有内在的创造能力，这些创造能力一旦被释放，就能让人类掌控自己的处境。在20世纪60年代和70年代的学生动乱中，我作为大学校长，不得不努力避免被一种围困心态影响，进而疏远年轻人。最先让我相信人文主义信念仍然有现实意义的，是我与妻子及杰茜·埃米特（我的这系列讲座就以她的名字命名）共同参与的一个阿斯彭项目。我们将这个项目命名为"人生的头二十年"。我们计划探索年轻人造成以及遇到的问题，例如离婚导致的家庭破裂对孩子的影响，以及青少年的怀孕和失业。正是通过参与这个项目，我知道了年轻人以及那些投身于帮助年轻人的人士，已经在很大程度上通过寻求个人形式和互助团体形式的自助，努力应对他们成长于其中的这个令人失措的世界。

我在英国学生那里也经历了同样的事情。我最终从他们那里知道，在一个年长者不断谴责价值观缺失的世界里，年轻人却特别努力地尝试为自己寻找可以信奉的新价值观，寻找自己的行为准则，寻找自己的良心观念，寻找自己重视的品质。他们的价值观与祖父一辈不同，但是我们这一辈的价值观也与维多利亚时代不同，而维多利亚时代的价值观又与18世纪不同。

我想现代世界里的价值观只能以这种方式得以重建，不再是通过直接的传递，而是通过鼓励年轻人自己发现或重新发现价值观；这些价值观来自他们自己的经验和洞见，通常是在与同辈的讨论中发现或重新发现的，不以权威为基础，而深受长辈的同情以及最重要的是他们的榜样作用（实践而非空谈）的影响。

在人文学的教育地位受人质疑的今天，年轻人对自己赖以为生的价值观的寻求，在我看来似乎明确了人文学能够扮演的角色。这将需要历史、文学和艺术在表达方面有革命性的变化，这种变化不以过去的成就，而以今天年轻人的人性需求为出发点。但是，古代世界的重新发现在文艺复兴时期也扮演了同样的角色，为当时的年轻人提供了一个陌生的、令人激动的世界，让他们可以去探索这个世界，从这个世界中寻求答案来解决那些由他们自己的经验呈现出来的问题和冲突。如今,年轻人可以利用的材料不再局限于古代世界,而是包括整个人类经验,无论是当代的,还是古代的,也无论是属于其他文化的,还是属于我们西方传统的。得益于电影、电视和录像,这种材料的丰富程度前所未有。

这是学校里的年轻人可以利用的大好机会,不是去修读传统的人文学课程,而是去充分利用新兴媒体,直接面对那些困扰和吸引他们的人生经验问题。它进而可以让年轻人关注良知、忠信冲突、反抗与权威、情感的矛盾、对身份的寻求、艺术和神话的力量、激情与怜悯之类反映在文学、戏剧、艺术、历史、哲学辩论之中的问题,鼓励年轻人得出自己的结论,就好像对希腊和罗马的发现鼓励文艺复兴时期的年轻人得出自己的结论一样。

以这种方式与人文学相遇很有价值,原因不仅在于它能够产生的结果,还在于这种行动本身,也就是将想象力和情绪融合到对他者世界和观念的理解之中。我们的教育太偏向于给学生灌输信息,局限于向学生传授技术,而我们在这里提倡的方式可以培养人类本性中感性、主观的方面。这方面对年轻人来说极为重要,他们如果要建立自信,与他人建立满意的关系,就应当像发展智识能力一样发展这方面的能力。

5

我集中讨论了年轻人的需求,因为年轻人既是最脆弱的,也是最有希望的。但是,我们所有人都面对着变化,有时会感到迷惑。让我感到震撼的是,有很多女性尝试为自己定义新的角色,她们通过日记、信函、家庭史、女权斗争史之类的女性作品,探索历史上其他女性的经历,充分利用人文学赋予的力量去恢复和复活其他女性创造的成就。

正是因为人文和艺术以直接和独特的方式设法应对人类处境,因为它们回应和帮助满足了人们对个体身份、个人生活意义的渴求（这种渴求既是过去的特征，也无疑是今天的特征），我才相信应该继续将它们作为教育和生活中必不可少的一部分。

这种说法在未来社会里是否会不再有效？我认为，它甚至会更有力量，无论你对未来作何假设，无论你乐观地认为未来世界提供的闲暇和自由会多到让我们不知道怎么利用，还是悲观地认为现代生活的境况会给我们施加更多约束，就好像我们被判处永久生活在拥挤的机场里一样。我认为，无论哪种假设更接近真相，也无论是出于对新可能性的意识，还是出于保护在他们看来受到威胁的人性，人们都必须比过去更加坚决而非犹豫地争取机会来发展自己的个体性，确立自己的身份，被视为自身有权利的人，而非社会客体或政治政策的工具。

我能在如今成为西方社会特征的抗议运动中找到大量的证据来支持这种观点。作为年长的中产阶级公民个体，我和其他任何人一样，都对这些抗议运动体现出来的夸张、攻击性和表现癖感到生气。但是，作为一位历史学者，我知道历史上这类同样喧闹和令人恐慌的抗议运动实现了什么成就，所以我认为如今的抗议运动也表达了人文主义传统和民主制度的某种核心要素。托马斯·曼认为这种要素的缺乏对德意志人文传统而言是致命的。这种核心要素就是，拒绝毫不怀疑地接受政府观念，拒绝对权力滥用和不公正行为视而不见，以及最重要的，拒绝默许那种认为境况无法被改变，普通人无法让自己的呼声被听见的宿命论观点。

我刚才提及的那个例子，即女性对自我角色的看法的变化，就能说明我的观点。在我做历史研究的过程中，最让我感到愤怒的情况是：许多女性自认为是人文主义传统的继承者和传播者（她们的理由经常比男性的更充分），但是她们的这种角色却因为偏见而得不到承认，甚至连她们公开为人文主义传统做贡献的权利都遭到否认。夏洛蒂·勃朗特（1816—1855）和艾米莉·勃朗特（1818—1848）如今被视为19世纪最伟大的英国作家，但是她们当初就像乔治·艾略特那样，只能以柯勒·贝尔和埃利斯·贝尔这两个男性假名发表作品；艾米莉·狄金森（1830—1886）深受当时的传统束缚，生前只发表过 7 首诗，未能发表的诗作有 1750 余首，但这些未发表的作品让她成为一位伟大的抒情诗人。

人们如今才为时已晚地努力对女性所做出的、未被认可的贡献进行公允的评价。这种努力并不是"女权主义"。易卜生说得对，这不是女权问题，而是人权问题。追求性别平等的运动近年来受到抨击，被认为太激烈、不平衡、以自我为本位、对家庭有害，还被贴上了 20 世纪早期女性在争取投票权时就被强加的那些标签。但是，在我看来毫无疑问的一点是，无论过程有多么痛苦和漫长，男性和女性之间如果不变得更平等，那么人文主义传统终将沦为笑柄。

关于抗议的理由，没有人比马丁·路德·金（1929—1968）在他那封从亚拉巴马州伯明翰市监狱写给牧师同僚们的信中说得更有力量。这封信写于 1963 年，正值非裔美国人民权运动高潮。他写道：

图 5.9
争取女性投票权。1910 年 6 月，妇女社会政治联盟的成员在伦敦游行示威

你们或许会问:"为什么要采取直接行动?为什么要静坐,要游行,等等?谈判这条路不是更好吗?"你们号召谈判,确实没错。其实这就是直接行动的目的。非暴力的直接行动旨在制造危机,形成具有创造性的紧张局势,以便迫使始终拒绝谈判的社会直面问题。直接行动旨在让问题引人注目,进而无法再被忽视……朋友们,我必须对你们说,我们在民权方面取得的进展,无不是在坚决进行合法和非暴力施压的情况下取得的。漫长的历史告诉了我们一个悲剧性的事实,那就是特权群体很少会自愿放弃特权……

他引用圣奥古斯丁和圣托马斯·阿奎那来支持自己的观点,指出了公正的法律与不公正的法律之间存在差别。

我赞同圣奥古斯丁的说法,"不公正的法律根本不是法律"……

图 5.10
民权运动中反对种族歧视的马丁·路德·金

它让隔离者拥有一种虚假的优越感,让被隔离者拥有一种错误的低劣感。用伟大的犹太哲学家马丁·布伯的话来说,种族隔离用"我-它"关系取代"我-你"关系,最终将人贬低为物。[1]

若是让我选编一部20世纪人文主义的文集,那么《伯明翰监狱来信》将是必选的重要文献之一。

6

我不认为宗教和解放神学可以等同,同样也不认为人文主义与抗议可以等同。这种等同将会使辩论的基础变得过于狭隘,人文主义传统本来是一场关于人类本性和命运的持续而广泛的辩论。你们应该还记得,我在上一章中有多么重视意识和自我认知方式的转变,认为这种转变是勃兰兑斯早在1882年(离当时的欧洲秩序在第一次世界大战中真正崩溃还有30余年)提出的"现代突破"的关键。在那个特定的历史时刻,人文主义传统所要做的最重要的事情就是适应并承认人类行为中的非理性因素,以及其他参与了从19世纪到20世纪的意识转变的因素。

我本来可以这样结束全书:继续探讨20世纪上半叶"现代时期"的作家、思想家、科学家和艺术家,看看他们创造的一种新人文主义的前景,再看看被乔治·斯坦纳称为"毋庸置疑的文艺复兴和启蒙运动继承人"[2]的海德格尔、列维-斯特劳斯、其他结构主义者以及比较语言学家们,在多大程度上完善了这种新人文主义。相反,我却选择关注这种新人文主义是否有希望被转化为行动,是否能像启蒙运动时期的人文主义那样

---

[1] 马丁·路德·金的这封信重印于 *Afro-American History: Primary Sources*, ed. Thomas R. Frazier (New York 1970), pp. 392–405。
[2] 参见乔治·斯坦纳的 *Antigones* (Oxford 1984), p. 124。

在18世纪末和19世纪发挥力量。这样做是因为,我相信人文主义的未来更多地取决于这点,而非取决于作家、艺术家、哲学家和批评家的作品有多么新颖和正确,他们总是在自己的私人世界里书写、言说和创作。除非新人文主义能找到转化为行动的希望,否则这些私人世界与20世纪末的日常生活世界之间将维持隔离状态,它造成的挫败感也将像现在一样难以消除。

我在前面暗示过一条人文主义转化为行动的可能道路:人文主义传统的持久价值,即自由、平等和人权,适用于并且应该扩展到那些被排除在外并对此感到不满的人们身上。

抗议仅仅是其中的一部分,虽然这个部分不可或缺。想要在当今世界贯彻人文主义的原则,抗议就是一种必要行动。它显然是被排除在做决定的权力之外的人们所能采取的行动,唯一的行动。然而对那些有权力做决定的人来说呢?除了抗议以外,人文主义是否无法对政治、政府和商业世界做出任何贡献?

几年前,阿斯彭人文研究所的所长J. E. 斯莱特说服各位成员,开启了一个研究政府治理的项目。按照设想,这个项目要应付可能变得难以治理的社会出现的那些问题,问题涉及国家和国际层面上的制度(尤其是公共制度,但也包括企业制度)。

项目很快揭示出,社会越来越难以治理至少有一个原因,即体制外的人们广泛地怀疑,除非有可能举行大规模的抗议活动,否则不大可能有任何大型机构回应他们的需求或批评。但是,体制内也有人在看到自己与公众之间出现信任以及权威方面的隔阂时深感担忧,也有人对大机构的惰性、统治集团的既得利益、专业化传统的根深蒂固感到不满。

以迥然不同的方式,卡夫卡和马克斯·韦伯都预见了官僚制度问题将会变得严重。这个问题在西方社会、共产主义社会、第三世界的社会里都存在。毕竟,创造了"人性化的社会主义"这个口号的,正是1968年的布拉格起义分子。许多马克思主义理论家都被吸引去尝试实现那种理念,其中最有意思的是以哈贝马斯（1929— ）为代表的法兰克福学派思想家，以及意大利共产主义领袖葛兰西（1891—1937）。但是，将人文主义式的马克思主义（这种说法现在很常用）与正统的马克思主义调和起来的需求，又额外造成了一种阻碍。西方并不受这种阻碍的影响。在西方，至少从原则上说，对一种活跃的公民人文主义而言，改革应该更容易。

容我最后再介绍一位人文主义者来说明我的观点。

在亚当·斯密、李嘉图和马克思之后，对公共事务影响最大的经济学家是约翰·梅纳德·凯恩斯（1883—1946）。但是，在他30岁以前几乎没有迹象表明他会扮演这样的角色。在剑桥大学修读数学时，他加入了一个深受G. E. 摩尔（1873—1958）的哲学影响的小团体。摩尔的学说提倡一种道德自恋，认为道德关乎心态而非行动，而带有爱意的个人关系与对美的沉思是仅有的两种最好的心态。这样的观点与洛伦佐·德·美第奇在佛罗伦萨的圈子的观点并没有太大的不同，它们助长了这样的结论，即最理想的生活是：在追求真理和美的过程中与朋友关系亲密（凯恩斯是一位活跃的同性恋者），摆脱一切外部责任，不受普通人那些丑陋、讨厌因而不道德的野心和价值观的影响。

作为剑桥大学国王学院研究员和布卢姆茨伯里派成员，凯恩斯在他所生活的那个紧张、封闭的社会里满足了自己的全部需求。如果不是因为受到第一次世界大战的影响，他或许还会这样继续生活下去。在被选入财政部之后，由于对战后英国与德国谈判方式的愤怒，他在37岁时发表了卓越的论战檄文《和约的经济后果》。[1] 他从此进入了公共生活，再也没有回头，后来不仅彻底变革了经济理论，还积极地践行自己的观念，为劳合·乔治在1929年的竞选活动提供了经济方案（《我们能克服失业》，它是我在15岁时购买的人生第一份政治宣传册），利用小册子《如何筹钱应战》改变了英国财政部，以及在布雷顿森林会议上主导建立战后国际货

---

[1] 对年轻时期凯恩斯的描述参见 Robert Skidelsky, *John Maynard Keynes*, v. I, *Hopes Betrayed, 1883–1920* (London 1983)。

图 5.11
二十五六岁时的约翰·梅纳德·凯恩斯,由格温·拉芙拉特在 1908 年绘制

币体系,负责与美国谈判对英贷款。在主业之外,他还写作了一些 20 世纪最佳的政治新闻文章,在股市上分别为自己和学院挣了钱,此外还从事鉴赏和赞助艺术活动。凯恩斯是文艺复兴时期意大利人所赞赏的那种"通才"的现代版本。他最终奉献于积极践行公民人文主义,这意味着他的思想和活动不仅造福了自己的国家,还造福了整个西方世界。

凯恩斯的成功经验在于,无论体制之外产生了多少改革的观念,这些观念只有在体制内的人能够参与对话,且能够被说服相信变革的必要性时才会产生影响。要做到这点,一个办法是像阿斯彭人文研究所倡导的那样,让政府和商业领袖、政客、法官、学者、代表私人的公民坐到一起,让他们忘记职业盔甲提供的保护,从自己那些刻板的、未受挑战的假设之中跳出来,以个体人类的身份讨论社会问题。例子有许多,我记得其中一个是阿斯彭人文研究所的"合作与社会"研讨会,这个研讨会让六位大企业负责人和一些为消费者和其他公共利益团体效力的年轻律师坐到了一起,将正式的对抗转变为非正式的面对面讨论,对双方的影响都很大。

另一个关键切入点是专业教育。我对"专业"这个词背后的假设表示怀疑:它经常暗示一种轻松的责任窄化("手术很成功,可惜病人去世了"）。正是在专业态度形成的这个节点上，我们需要努力说清在专业能力与对人类问题及价值的理解之间寻求平衡的重要性。仅仅规定专业人员的损害责任并不足够。

关于这类改革的提议在图书馆里有很多，《关于工业民主问题的布洛克报告》[1]就在其中占有不太重要的一席之地。编写这份报告的经历让我在一定程度上认识到了变革所受的阻力有多强大，即使我们可以指出，我们那种关于工人参加大型私营和公营企业董事会的提议在德国、奥地利和瑞典等国家得到了成功应用。这段经历还让我更加坚定地相信，对这些有关治理的问题的人文主义批评具有现实意义。下面是几点能够因这种批评而显得突出，但经常被人忽视的看法。

第一，和西方一样，俄罗斯在20世纪的整个历史也警告我们，那种将自己局限于寻找技术方案来解决技术问题的尝试，无论有多么诱人，都是一种幻想。人的维度不能被忽视。如何克服创新受到的抵制？如何赢得合作？这是最难以回答，归根结底具有决定性影响的两个问题。

第二，尽管计算机和现代通信系统能够在人类决策和领导的过程中提供极佳的辅助，但是它们并不能取代人类，没法让承担决策和领导责任的人们避免做出判断，而且这些判断里必然包括价值判断。人类无法逃进一个只能自动响应标准化问题的非人的世界中。

第三，任何机构能够利用的最宝贵资源是人的才智、经验和忠诚。然而，这些资源却被极为普遍地低估。通过教育（而不仅仅是培训），通过确保企业员工积极参与，同时确保他们致力于追求企业的成功，以这样的方式来投资开发前面所说的那些宝贵资源，会比大量投资场地、建筑和设备带来的回报更大。

第四，那些曾经被边沁和哲学激进派用于质问旧制度中臃肿机构和项目的问题，也可以被我们用来质问20世纪的臃肿机构和项目，而且没有

---

1 *Report of the Committee of Inquiry on Industrial Democracy.* Cmnd. (1977), 6706.

什么能够比它们更发人深省。这些问题是：

它有什么用？

它的目的是什么？

它有必要吗？它是否服务于应该服务的人？

这些人还有其他需求吗？

他们的需求能够被更简单地满足吗？

7

现在，如果你问，在我们这种结构僵化的世界里纯粹出于理性而将显而易见的道理说出来是否会有任何效果，那么我的答案是否定的。我会努力让这种人文主义批评成为管理教育和专业教育的一部分，但是我并不觉得它本身会有什么真正的作用。毕竟，即使是那些更强力的方法，也只是成功地起到震慑作用，而没有革除官僚制度的弊端。要不是我相信黑格尔所说的"历史的狡计"，我或许会绝望。黑格尔的这种宏大说法指的是，变革必然会出现，而且就算是官僚制度，也无可避免地要去适应这种必然性。

即使是在 20 年前，又有谁会知道技术进步将在多大程度上改变重型制造业（当时它仍然被等同于工业）的大规模集中？为什么我们应该认为今天常见的大规模官僚制组织——既包括政府，也包括企业——不会出现类似的变化，又或者为什么我们应该认为技术进步只会导致权力越来越集中？是否可能出现这样的情况，即技术让规模更小的去中心化组织成为可能，进而证明技术有利于个人，有利于个人在其中能够感觉舒适的小群体，而不是强化那种被乔治·奥威尔在《1984》中视为噩梦的千篇一律、无所不在的非人化权力？这种情况是我们的一种选择吗？如果是，那我们要怎么去探索它？这个问题至少值得一问，就像我们在阿斯彭人文研究所的另外一个研究问题：对于生产和经济，对于人类，对于人类的教育、生活方式、寻找满足的方式，工作模式的变化将意味着什么？

如果我问自己能够从历史和人文学的终身研究中得出什么结论，那么我可以简单地回答：未来无法预测。谁知道明天的议程会是什么？有些事情可以预测，尤其是那类能够被衡量的事情；未来的发现中至少有一部分可以预测，包括技术的进步。但是，就算有人能够较为准确地预测 50 年或 100 年后人们的生活环境，也没人能够预测人们会对那样的环境有何反应。回顾 20 世纪初的预言，你会发现人们准确地预言了人类登月，但是并没有准确地预测人类历史的走向，也没有准确地预测今天的人们会如何看待自己所生活的世界。

图 5.12
工业革命的第一阶段依赖水动力。阿克莱特在克罗姆福德的棉纺织厂，位于德文特河岸，建成于 1771 年。这幅夜色下的棉纺织厂由德比的约瑟夫·赖特创作

有多少人能够预见第一次世界大战的时长和性质，预见德国会战败，并在战败后再次尝试争霸欧洲？

有多少人能够预见希特勒和纳粹分子的掌权，预见所谓的"千年帝国"只存在了 12 年，以及在 1940 年似乎势不可挡的希特勒带领德国再次走向失败，但是在那之前却尝试消灭欧洲的全部犹太人？

又有多少人能够预见大屠杀会导致以色列建国，包括不列颠在内的欧洲各个帝国会在战争中解体，在美国帮助下重建的日本会成为美国最主要的技术和经济对手，以及两度遭遇战败和分裂的德国最终会成为英德交锋中的胜者？

还可以继续举例。有谁能够在 18 世纪末预测不列颠少数几家纺织厂和铸铁厂代表的工业化最终会带来多大的变革？又有谁能够在 19 世纪末预见物理学革命将改变科学家对宇宙和物质的看法？

正是历史和人文研究让我们保持了开放的未来意识。14 世纪意大利的情况便是这样，当时少数几个人特别难以预料地产生了重新发现古代世

图 5.13
工业革命的最新阶段。在 1982 年伦敦的达格纳姆，机器人已经取代了福特汽车公司车身制造厂组装线上的焊工

界的冲动，并随之产生了要创造一个自己的新世界的信心。

在过去的600年里，人文主义传统代表的也正是这种东西，拒绝接受决定论的或者还原论的人类观，坚持认为人类尽管无法拥有完全的自由，但是在一定程度上能够自己做选择。

那些渴望安心、渴望确保自己只要用心就会得到预期结果的人很难满足于此。然而，对于那些认可信仰就是没有十足把握也要勇于投身的人，对于那些反抗压倒我们的无力感的人，我认为这种东西就是人文主义道路持续不断的吸引力所在。它并不能确保人类做出良好的选择，正确地预测结果，或者避免灾难；它只能保证，如果我们有勇气和意愿做选择，那么我们就仍然有选择可做。

出版后记

本书作者阿伦·布洛克（1914—2004）是英国最杰出的学者之一，他的学术生涯无疑深深扎根于拥有"源远流长的人文研究传统"的牛津大学。他毕业于牛津大学瓦德汉学院（1936），担任过牛津大学副校长（1963—1973），其间还创建了牛津大学圣凯瑟琳学院。布洛克可谓讲述人文主义历史的不二人选，一位典型的20世纪人文主义者。在他学术道路的开端，故纸堆间的古典学与硝烟弥漫的近现代史，这两个不同的研究领域已经跨越时空沟壑，相互纠缠，彼此呼应。正如布洛克所说，"积极生活与沉思生活到底孰优孰劣，这是人文主义讨论的最古老问题之一"，他的身上始终镌刻着古典学问与现实关切的双重印记。

布洛克对欧洲史学与文化界的贡献主要体现在几部非常厚重的著作之中。二战之前，欧洲近现代史普遍不被认为是值得尊敬的研究领域，而布洛克凭借自己出色的著作与唤起公众兴趣的天赋，将近现代史研究变成了牛津大学的显学。这些作品中最重要的是早期的《希特勒：暴政的研究》和后期的三卷本《欧内斯特·贝文的生活与时代》。《希特勒：暴政的研究》首次出版于1952年，销量超过300万册，曾被翻译成19种语言，在半个多世纪后的今天，这本书仍然跻身希特勒研究经典之列。《欧内斯特·贝文的生活与时代》则聚焦于英国政治家、工会领袖欧内斯特·贝文。

布洛克对他赞誉有加，称他为20世纪最出色的英国外交大臣，三部曲的传记细致入微地剖析了他从工会领袖成长为劳工部长，而后成为外交大臣，登上国际外交舞台，纵横捭阖的政治历程。

《西方人文主义传统》是一本大家小书，它依据布洛克的纽约大学讲座编纂而成。布洛克多年浸淫古典学的深厚学养及深入浅出的行文风格，为这本小书赋予了奇妙的感染力与穿透力，仿佛能带领不同文化背景的读者游历群星璀璨的文艺复兴、启蒙运动及浪漫主义时代。

人文主义是西方文化最宏阔的主流之一，若我们的思考不拘泥于具体术语和学派，则可认为人文精神发源于古典，流衍于中世，爆发于现代诞生的黎明时刻，并为塑造这一现代文化及现代人的心灵奠定了基础。在甘美幻梦的背面，人文主义是否有其阴暗与弱点？或者说，人文主义与其对手——诸多反人本主义思潮之间的争端将迎来何种结局呢？布洛克对人文主义的讲述并不是一曲淳朴赞歌，反思与怀疑的暗线从一开始就被严肃地埋下，这意味着作者邀请并敦促读者们参与事关人文主义自身存亡的思考，这些思考较为集中地体现在本书的最后两个章节之中。20世纪见证了几场摇撼现代心灵的重大灾难，现代主义及后现代主义也伴随着以主体为中心的哲学信念的碎裂崩塌。布洛克对此十分清醒，人文主义是否还有未来，取决于它是否能够面对新的挑战。当然，人文主义的生命力及其历久弥新的吸引力，毋宁说正在于关于人类的信念与不灭的希望。

图书在版编目（CIP）数据

西方人文主义传统 /（英）阿伦·布洛克著；罗爽译. -- 北京：九州出版社，2022.12
ISBN 978-7-5225-1279-2

Ⅰ.①西… Ⅱ.①阿…②罗… Ⅲ.①思想史—西方国家 Ⅳ.① B5

中国版本图书馆 CIP 数据核字 (2022) 第 195270 号

The Humanist Tradition in the West
by Alan Bullock
Copyright © 1985 Alan Bullock
This edition arranged with Curtis Brown UK
Through Big Apple Agency, Inc., Labuan, Malaysia.

著作权合同登记号　图字 01-2022-6434

西方人文主义传统

作　　者	［英］阿伦·布洛克 著　罗爽 译
责任编辑	杨宝柱　周春
出版发行	九州出版社
地　　址	北京市西城区阜外大街甲 35 号（100037）
发行电话	（010）68992190/3/5/6
网　　址	www.jiuzhoupress.com
印　　刷	河北中科印刷科技发展有限公司
开　　本	720 毫米 × 1030 毫米　16 开
印　　张	14
字　　数	194 千字
版　　次	2023 年 2 月第 1 版
印　　次	2023 年 2 月第 1 次印刷
书　　号	ISBN 978-7-5225-1279-2
定　　价	82.00 元

★ 版权所有　侵权必究 ★